MA TRAVERSÉE DE L'ENFER

L'HISTOIRE TERRIFIANTE DE LA SURVIE D'UNE JEUNE FILLE

HALINA KLEINER

EDWIN STEPP

TABLE DES MATIÈRES

Éloges liminaires	vii
Introduction	xi
Juste avant la guerre : les dernières vacances	1
La guerre commence : de Charybde en Scylla	5
Au début de la guerre : fuir et rentrer chez nous	11
Sans brassard	15
Dans le ghetto	19
Aktion ! La mort arrive à Czestochowa	25
Saccagée !	31
Aux abords du ghetto	35
Mme Sporna	41
"Tu ne peux pas rester"	45
En cavale, toute seule	49
Cachée dans le grenier	53
Mourir seule ou avec les miens ?	61
Voir mon père une dernière fois	65
Un plan d'évasion dangereux	69
Entrée clandestine à Bedzin	77
Réunie avec mes grands-parents	85
Dans le camp de Bolkenhain	91
En route pour Landeshut	97
Transférées à nouveau : Le camp de Grünberg	101
La prise de pouvoir des SS	107
La marche commence	111
Dans le froid : De Grünberg à Bautzen	119
L'exécution de Bautzen	123
Sur le pont de Dresde	129
L'enfer d'Helmbrecht	135
La marche reprend - Neuhausen	143
Le ventre vide jusqu'en Tchécoslovaquie	147
Un accueil provocateur de la part des Tchèques	153
Au revoir, chère Halinka	159

S'Échapper, enfin !	165
Le fermier allemand	171
La guerre est finie	177
l'Hôpital de Prachatice	183
En voie de guérison	187
De nouveau humaines	191
Vers L'Autriche	195
Déplacée avec Lonek - Salzbourg	199
Quitter Salzbourg	203
Réunis	207
Vers L'Amérique	213
Buffalo et Gerda	217
Survivre en Amérique	223
Rétrospective	227
Postface	231
Remerciements	235
Photos	237
À propos des auteurs	245

ISBN 9789493322141 (ebook)

ISBN 9789493322134 (livre de poche)

Éditeur : Amsterdam Publishers, Pays-Bas

info@amsterdampublishers.com

Ma traversée de l'enfer fait partie de la série Mémoires des survivants de l'Holocauste

Le mari d'Halina, Leon Kleiner, a également publié ses mémoires, *Sauvez mes enfants. Un étonnant récit de survie et de son héros improbable* dans cette même série

Copyright © Halina Kleiner 2022

Première de couverture : photographie de la Marche de la mort vers Volary, Oberhaid, Pays tchèques, 4 mai 1945

Tous droits réservés Aucune partie de cette publication ne peut être reproduite ou transmise sous quelque forme ou par quelque moyen que ce soit, électronique ou mécanique, y compris la photocopie, l'enregistrement ou tout autre système de stockage et de récupération de l'information, sans l'autorisation écrite préalable de l'éditeur

Traduit de l'anglais : *My March through Hell. A Young Girl's Terrifying Journey to Survival*

Traductrice : Chjara-Stella Poggionovo

ÉLOGES LIMINAIRES

"C'est à l'âge de 91 ans qu'Halina Kleiner a décidé de coucher sur papier, avec l'aide de son co-auteur, Edwin Stepp, l'histoire vraie de son enfance en tant que survivante de l'Holocauste. Son livre, *Ma traversée de l'enfer*, raconte ce voyage long de six années au cours duquel Halina est passée de jeune adolescente innocente à survivante expérimentée et avisée de la torture allemande, témoin d'un meurtre de masse. La valeur toute particulière de ce livre tient notamment au fait qu'il raconte l'expérience qu'Halina a faite d'une des célèbres "marches de la mort" allemandes, au moment où, à la fin de la guerre, les juifs qui avaient survécu à la famine et à la brutalité des camps allemands de concentration et d'extermination furent forcés de fuir ces camps à pied pour empêcher les soldats alliés de découvrir les témoins émaciés des crimes de masses commis par les nazis. Ce livre est tout aussi remarquable qu'inédit, dans la mesure où il fait le récit de détails poignants de la brutalité de la marche de la mort qu'Halina a vécue et dans laquelle un nombre incalculable de prisonniers périrent. C'est à la chance qu'Halina attribue sa survie à chaque étape de son incarcération par les nazis. Mais, dans ce livre si inspirant, chance, coïncidence et hasard ne sont que secondaires.

Halina est bien trop modeste et omet de citer son courage incroyable, son audace, son intelligence et son ingéniosité, qui sont les véritables raisons de sa survie face à la terreur et au traumatisme. C'est elle qui a décidé de quand et de comment s'enfuir, de rester sur place, de faire confiance ou de ne pas faire confiance. Qu'il s'agisse d'un sixième sens ou d'autre chose, Halina s'est servie de son jugement, de sa ruse et de son intelligence pour éviter - au moins un temps - d'être capturée par les nazis ou leurs collaborateurs, pendant et immédiatement après la guerre. Comme le dit Halina, il est vrai que de nombreuses victimes de la terreur nazie ont survécu à des années de terreur et de torture grâce à l'ingéniosité, jusqu'à ce que leur "chance" ne "tourne". Mais il est impossible de lire l'histoire d'Halina sans ressentir une admiration immense pour cette jeune fille de 13-18 ans, bien en avance sur son âge, qui a su se montrer plus maligne que les nazis en déjouant les plans qu'ils avaient établis pour la tuer. L'un des thèmes importants de ce livre est l'amitié entre les prisonniers et son rôle essentiel dans leur survie. Ceux qui vivaient seuls mouraient seuls. Halina a créé des liens forts avec deux autres jeunes filles : toutes trois n'ont eu de cesse de s'entraider dans le camp, de s'encourager et de garder espoir pendant la marche de la mort, surtout quand l'une d'entre elles n'arrivait plus à avancer. Ce livre est destiné à devenir un classique, une lecture incontournable pour les collégiens et plus. Tout en préservant la sensibilité de collégiens et lycéens, il enseigne l'histoire des atrocités que les nazis ont infligées à leurs victimes juives. Ce livre encouragera les jeunes lecteurs, qui compatiront avec Halina, à penser à ce qu'ils feraient eux-mêmes dans des situations désespérées. Il les incitera à apprécier la vie qu'ils ont, à l'accepter ou à la rendre meilleure sans perdre espoir face aux obstacles à venir. À bien des égards, ce livre est bien meilleur pour les collégiens et lycéens que le *Journal* d'Anne Frank. Lisez-le et vous comprendrez."

- Kenneth P. Price, PhD. Auteur de *Separated Together. The Incredible True WWII Story of Soulmates Stranded an Ocean Apart.*

"Halina Kleiner et moi avons enduré les Marches de la mort vers Volary ensemble. Elle avait cinq ans de moins que moi, ce qui rendait d'autant plus forte l'admiration que j'avais pour elle, pour sa force et pour sa résilience au cours de ces mois terribles. Je suis si heureuse qu'elle raconte enfin son histoire. Il s'agit du récit émouvant de ces nombreuses échappées belles, symbole d'endurance et de courage face à un mal inénarrable."

- Gerda Weissmann Klein est une autrice polono-américaine primée et militante pour les droits de l'homme. Son livre, *All but My Life*, paru en 1957, relate les mémoires de son expérience de l'Holocauste. En 2011, elle reçoit la Médaille présidentielle de la Liberté des mains de Barack Obama.

INTRODUCTION

Pourquoi écrire ce livre ? L'Histoire a-t-elle besoin d'un nouveau récit sur l'Holocauste ? Avec les centaines de milliers de documents déjà écrits et enregistrés, un livre supplémentaire ferait-il la différence dans l'établissement de la vérité sur cet horrible événement ? Un autre récit macabre et effroyable permettrait-il d'éviter que celui-ci ne se reproduise ?

Savoir qu'il existe, encore aujourd'hui, des personnes qui nient l'existence de l'Holocauste me stupéfie. Ajouter mon récit à la montagne de preuves déjà accumulées ne changera pas la mentalité de ces personnes-là. C'est une chose que d'en nier l'existence, mais c'en est une autre de répandre l'ineptie selon laquelle l'Holocauste n'aurait jamais eu lieu. Il faut s'opposer, continuellement et vivement, aux arguments des partisans de cette seconde voie en mettant en avant chacune de ces histoires, celles qui ont été racontées et celles qui sont sur le point de l'être. À mesure que la période de la Seconde Guerre mondiale s'éloigne de nous, nous devons nous assurer que les jeunes générations puissent avoir accès à chacun de ces récits et de ces témoignages.

Ma génération, celle de mon peuple, qui a survécu à l'Holocauste, n'a eu de cesse de le répéter : "N'oubliez jamais !" L'horreur de ce temps n'a pas pris une seule ride dans nos mémoires. Pour ceux qui ne l'ont pas connue, ainsi que pour ceux qui nous succéderont, la seule manière qu'ils ont de "ne pas oublier" est de faire en sorte que nos souvenirs deviennent les leurs. Et le seul moyen de faire cela est de recueillir chacune des histoires susceptibles d'être racontées.

C'est la raison pour laquelle j'ai fini par ressentir le besoin d'écrire ce livre.

Je pense aussi beaucoup à ceux qui n'ont pas eu la chance de raconter leur histoire. On estime que deux juifs sur trois vivant en Europe avant la guerre ont perdu la vie. Certains d'entre eux ont eu la chance de voir leur histoire racontée par d'autres. Mais pour la plupart, nous ignorerons à jamais ce qui leur est arrivé.

C'est donc pour eux aussi que j'écris ce livre. Le fait que j'ai survécu, et pas les autres, est purement dû à la chance. Ce n'est pas parce que j'étais plus intelligente, plus forte ou plus rusée. J'ai juste été au bon endroit au bon moment pour échapper à la mort. Mon histoire est une longue liste d'échappées belles, d'heureux hasards et de coups de chance. Six millions de personnes de mon peuple ont fini par voir leur chance s'éteindre. Ils ne peuvent pas raconter leur histoire. Je suis toujours en mesure de raconter la mienne. Je ressens donc envers eux un devoir de mettre en mots mon histoire de la manière la plus détaillée possible.

J'ai raconté mon histoire en 1987, lors d'un entretien avec l'université de Kean à Union dans le New Jersey. La vidéo de quatre heures est disponible en ligne, mais elle n'est qu'une retranscription partielle de mon récit. Du fait des contraintes de temps, nous n'avons pas pu en enregistrer certaines parties. Il m'a fallu de nombreuses années pour enfin pouvoir en raconter l'intégralité. À 91 ans, je sais qu'il ne me reste probablement plus beaucoup de temps pour l'écrire. Je suis donc plus que résolue à le faire à présent.

À l'inverse de nombreux survivants de l'Holocauste, le retard que j'ai pris n'était pas dû au fait qu'il m'était difficile de me remémorer ces souvenirs horribles. Au contraire, j'en parlais souvent avec mes amis qui, comme moi, étaient des survivants, ainsi qu'à ma famille, à mes enfants, et surtout, à mon mari, Leon. L'histoire de sa survie est, elle aussi, unique et remarquable, dont le livre s'intitule de la manière suivante : *Sauvez mes Enfants. Un étonnant récit de survie et de son héros improbable* (Amsterdam Publishers, 2022). Sa capacité à accomplir cette tâche difficile m'a inspirée et m'a donné envie de suivre son exemple.

Si j'avais pris la plume plus tôt dans ma vie, il m'aurait été plus facile d'écrire mon histoire. Mais j'ai mené une vie bien occupée et n'ai jamais trouvé le temps de le faire au milieu de mes obligations familiales, qui comptaient plus pour moi. La période de ma vie la plus difficile était celle de la guerre, bien entendu. Toutefois, la vie d'après en Amérique n'a pas non plus été toute rose. Nous avons travaillé dur pour bâtir une entreprise prospère et pour élever nos trois magnifiques enfants, dont l'un nous a été arraché à cause du cancer. Mon fils David est mort, beaucoup trop jeune, d'un cancer du cerveau, et cette tragédie nous a hantés pour le reste de nos vies. Je pense à lui quand j'écris ce livre. Lui non plus n'a pas pu écrire ni raconter son histoire, même si je sais que, s'il avait survécu, elle aurait été brillante.

JUSTE AVANT LA GUERRE : LES DERNIÈRES VACANCES
AOÛT 1939

La chaude journée d'été touchait à sa fin. La tristesse commençait à m'envahir, puisque je savais que notre dernier jour de vacances venait de se terminer. Assise devant notre chambre d'hôtel, je revoyais ces superbes montagnes tout autour de moi, pensant aux si bons moments que nous venions de passer ces dernières semaines avec ma mère et ma grand-mère. Même si je souhaitais rester un peu plus, mon père me manquait, et le fait de savoir que nous le reverrions bientôt me mettait du baume au cœur.

Ces villages de villégiature des montagnes caucasiennes étaient très appréciés des touristes venant de toute l'Europe. La campagne magnifique, les cascades, les lacs scintillants ainsi que les chemins de randonnée parcourant l'ensemble de ce paysage offraient à chacun de merveilleuses escapades, bien loin des exigences et de la pression des villes animées de Pologne, d'Autriche, d'Ukraine et de Tchécoslovaquie. Peut-être étaient-ce les innombrables sources chaudes qui inspirèrent ces millions d'Européens de l'Est à faire de cet endroit leur destination de vacances annuelle. La région aux eaux curatives était connue pour ses spas luxueux, et moins luxueux.

Ma famille faisait partie de ces touristes qui revenaient chaque année. Nous restions dans des endroits charmants, mais qui s'apparentaient plus aux endroits "moins luxueux" et qui nous étaient plus abordables. Jeune pré-adolescente, je ne voyais pas la différence. Nous aurions pu dormir dans des tentes, j'aurais tout autant apprécié cette expérience. Je ne pouvais contenir l'excitation qui grandissait en moi toutes les fois où le mois d'août approchait. Et, quand l'heure arrivait de monter à bord du train pour le long voyage vers le sud, c'était comme ouvrir le couvercle de la cocotte-minute : enfin, nous étions en route pour le paradis.

Généralement, nous passions plusieurs semaines dans ce village de vacances. Nous avions accès à tous types d'activités, à la fois relaxantes et excitantes : faire de la randonnée dans des pentes abruptes, nager dans des lacs et des rivières, et parfois, rester assis à ne rien faire. J'adorais lire, donc cette dernière option ne m'ennuyait absolument pas.

J'adorais tellement lire que, très souvent, les seuls cadeaux que je recevais pour mes anniversaires et Hanoukka étaient des livres. Rien ne me rendait plus heureuse que de recevoir des livres.

En cette fin de journée d'août 1939, nous finissions de faire nos bagages pour notre voyage retour en train. Nous terminions de fermer les derniers sacs quand j'entendis ma mère et ma grand-mère se parler d'un ton à la fois inquiet et apeuré. Il y avait comme une sensation de grande urgence dans leur voix. Nous devions filer en direction de la gare sans perdre une seule minute. Elles avaient reçu de mauvaises nouvelles concernant les tensions politiques qui se propageaient sur le continent.

Hitler et Staline venaient tout juste de signer leur tristement célèbre pacte de non-agression. Quelques jours plus tard, le dictateur nazi envahissait la Pologne, enclenchant ainsi le début de la Seconde Guerre mondiale. J'avais dix ans à l'époque et, même si je ne connaissais pas grand-chose aux politiques internationales, j'étais bien consciente de la menace de la guerre. Cela faisait un moment que nous constations les démonstrations de force de l'inquiétante nation allemande. Malgré mon jeune âge, je comprenais suffisamment les dangers qui planaient sur nous pour partager les peurs de ma mère et de ma grand-mère.

En arrivant à la gare ferroviaire, nous pouvions voir toute l'agitation qui s'y produisait. D'habitude, la gare n'était jamais bondée et restait plutôt calme, mais ce jour-là, il y avait beaucoup plus de monde qu'à l'accoutumée, un monde qui se mouvait avec anxiété. Notre calèche arriva en face de la gare en même temps que d'autres. Des gens venus à pied se précipitèrent à l'intérieur de la gare, tirant leurs valises. Les enfants en bas âge derrière eux détalaient frénétiquement pour essayer de les suivre.

Une fois à l'arrêt, nous ouvrîmes en grand les portes pour bondir hors de la calèche. Une conversation entre deux touristes situés près de nous, nous apprit la nouvelle. Les tensions grandissaient rapidement entre l'Allemagne et la Pologne, et la menace de guerre se rapprochait dangereusement. Ces hommes comprirent qu'il leur serait peut-être impossible de retourner chez eux s'ils ne partaient pas immédiatement.

Nous nous précipitâmes à l'intérieur du terminal de la gare, avant de nous rendre compte que la panique y était encore plus grande. Les gens se pressaient et se poussaient les uns les autres dans les files d'attente déchaînées qui s'étaient formées devant les guichets. Heureusement, nous avions déjà nos billets retour. Notre train s'apprêtait à partir d'une seconde à l'autre.

Sans perdre de temps, nous nous dirigeâmes vers notre plateforme. Nous étions soulagées de voir que le train était là, fumant et grondant, comme s'il s'échauffait avant son départ. Les passagers se précipitaient dans les allées puis, une fois sur la plateforme, jetaient leurs valises à l'intérieur du train. Les conducteurs leur faisaient signe avec la main pour les inciter à monter rapidement. Une fois notre wagon trouvé, nous fonçâmes en direction de nos places. Je me laissai tomber sur mon siège près de la fenêtre, avant de me détendre. J'avais hâte de retrouver mon père, et en attendant, j'étais prête à me laisser bercer par les mouvements apaisants du train.

Le wagon fit une embardée vers l'avant, ce qui fit crisser le métal de ses roues et des attelages. Il démarra, avança sur quelques mètres, avant de s'arrêter à nouveau au bout de quelques secondes. Après une seconde embardée, le train se mit véritablement en marche. Très doucement, il sortit du terminal. Plus il prenait de la vitesse, plus les battements de mon cœur, affolé par toute cette agitation, se calmaient. Nous allions rentrer à la maison. Ma mère et ma grand-mère poussèrent de grands soupirs de soulagement. La tension quitta alors mon corps, et je décidai de m'installer confortablement dans mon siège, prête à fermer les yeux et à m'endormir.

Un peu plus tard, nous apprîmes que notre train avait été le dernier à quitter la gare ce jour-là. Un coup de chance. À ce moment-là, j'ignorais tout du grand nombre de coups de chance dont j'allais avoir besoin au cours des six prochaines années.

LA GUERRE COMMENCE : DE CHARYBDE EN SCYLLA
SEPTEMBRE 1939

Une fois arrivées à Częstochowa, notre ville natale, l'atmosphère était maussade. Tout le monde s'était préparé au pire, pas seulement les juifs, mais les Polonais également. Le 31 août, le jour où nous retournâmes chez nous, des SS, déguisés en soldats polonais, effectuèrent plusieurs raids sous de faux drapeaux dans des installations et des bâtiments allemands situés à la frontière germano-polonaise. Leur but était de justifier l'invasion de la Pologne. Le lendemain, le 1er septembre 1939, la redoutable nouvelle arriva. L'armée allemande avait rapidement passé la frontière, et son armée de l'air avait commencé à bombarder Varsovie.

Częstochowa se situait à la frontière avec l'Allemagne. De ce fait, un grand nombre de citadins s'attendaient à se retrouver au milieu de combats violents. Mon père ne voulait pas nous exposer, ma mère et moi, aux risques d'un bombardement ou d'une fusillade. Il pensa que la meilleure des choses à faire était de nous envoyer chez des proches, vivant bien plus loin de la frontière que nous. La ville s'appelait Skierniewice et se trouvait en périphérie de Varsovie.

Mon père ne perdit pas de temps. Il nous demanda de rassembler nos vêtements ainsi que d'autres affaires, puis il appela un taxi. Il n'avait pas pu nous trouver de train, et utiliser l'autre moyen de transport de l'époque - la calèche - aurait été trop lent et trop risqué. Mon père décida de payer une somme importante nous permettant de prendre le taxi jusqu'à Skierniewice, qui se trouvait à plus de 150 kilomètres de chez nous.

Nous ignorions combien de temps allait durer notre exil et avions donc décidé de prendre un peu plus que le strict nécessaire, au cas où nous en aurions besoin. Nous emportâmes alors avec nous, non seulement des vêtements, mais aussi de la literie ainsi que des coussins. Quand le taxi arriva, il nous parut évident qu'il n'y avait pas suffisamment de place pour nous accueillir ma mère, moi et toutes nos affaires. Mon père vint alors en aide au conducteur pour ôter le siège arrière, afin que nous y déposions, à la place, nos sacs pleins. Je m'assis alors sur la pile de bagages, tandis que ma mère prit le siège passager, à côté du chauffeur. Quel spectacle cela avait dû être pour les passants...

Les parents chez qui nous comptions rester étaient du côté de la famille de ma mère. Je ne me souviens pas exactement du lien qui nous unissait. À l'origine, ils ne venaient pas de cette ville proche de Varsovie. Ma mère et sa famille venaient de Silésie, une région du sud de la Pologne, près de la frontière avec la République Tchèque et l'Allemagne. En fait, la Silésie s'étendait sur ces trois pays. La majeure partie de son territoire se trouvait en Pologne. Ma mère venait de la ville de Będzin, l'une des "tri-cités" formant un groupe de villes très proches les unes des autres, à savoir : Sosnowiec, Będzin et Dąbrowa. Et, tout comme Częstochowa, ces villes étaient dotées d'une grande communauté juive avant la guerre.

Nos proches nous accueillirent chaleureusement à notre arrivée. J'étais toute contente de voir que ma grand-mère et mon grand-père étaient là eux aussi. La famille recevait également ma tante et cinq de mes cousins, trois filles et deux garçons. Les trois filles n'étaient pas accompagnées de leurs parents : leur mère était morte l'an dernier et leur père avait décidé de rester s'occuper de leur maison, comme le faisait mon père. Les deux garçons, Jurek et Nusiek, étaient avec ma tante Saba. Mes trois jeunes cousines s'appelaient Mila, Fela et Gucia. Toutes trois étaient beaucoup plus jeunes que moi et je me proposais souvent pour leur venir en aide.

Cette expérience me fit m'interroger sur ce que cela faisait d'avoir un petit-frère ou une petite-sœur. J'étais une enfant unique, mais j'avais failli devenir grande-sœur : ma mère était tombée enceinte un peu plus tôt dans l'année, avant de faire une fausse couche au printemps. J'étais triste pour ma mère, mais aussi pour moi-même, puisque j'aurais vraiment souhaité avoir un frère ou une sœur. Mais, au vu de l'enfer que nous nous apprêtions à vivre, ne pas avoir eu à nous occuper d'un nourrisson fut probablement la meilleure des choses.

Il ne nous fallut pas attendre longtemps avant de comprendre que quitter Częstochowa fut une erreur. Ce n'était pas à Skierniewice que nous trouverions cette sécurité tant recherchée vis-à-vis des Allemands. Le lendemain de notre arrivée, la peur et la terreur commencèrent. La ville était un nœud ferroviaire majeur pour les trains arrivant et partant pour Varsovie, et de ce fait, était l'une des principales cibles des bombardements.

Les raids aériens avaient commencé. Nous entendions le bourdonnement des avions au-dessus de nos têtes et apercevions même quelques explosions au loin. Au départ, elles se produisaient plutôt à distance, mais nous craignions que cela ne dure pas. La maison dans laquelle nous nous trouvions se situait près de la gare ferroviaire. Ma famille vivait au deuxième étage et une famille polonaise vivait au premier. Les bombardements s'intensifiant, nous commencions à craindre que le fait de vivre à l'étage le plus haut de l'immeuble ne devienne trop risqué. Nous demandâmes donc à nos voisins si nous pouvions attendre avec eux le temps que les bombardements prennent fin. Ils acceptèrent. Nous prîmes alors quelques affaires avec nous avant de nous dépêcher de descendre jusque chez eux.

Blottis les uns contre les autres dans une petite pièce de l'appartement du dessous, tandis que les bombes continuaient de tomber autour de nous, nous commençâmes à réciter nos prières avec ferveur. Nos voisins chrétiens, qui se trouvaient dans la pièce d'à côté, firent de même. Nous récitions Chema Israël tandis qu'eux se signaient.

Soudain, une bombe s'écrasa tout près de notre maison. L'impact secoua très violemment ses fondations et les fenêtres se brisèrent d'un seul coup, tout comme nos nerfs. Le plâtre qui recouvrait les murs tomba tout autour de nous. Des nuages de fumée remplissaient l'air. Au départ, nous pensions que les débris qui se propageaient dans l'air étaient toxiques. Nos proches se rappelaient comment le gaz était utilisé lors des bombardements de la Première Guerre mondiale. Ils se mirent à crier pour que chacun d'entre nous couvre sa bouche et son nez. Tout le monde enfouit alors son visage dans le morceau de tissu le plus proche - mouchoirs, couvertures, coussins. J'haletais à travers la couverture qui protégeait ma bouche. Était-ce la peur ou le manque d'oxygène qui me faisait suffoquer ? Je décidai alors de ne pas céder à l'horreur du moment et essayai de retrouver mon calme.

J'étais terriblement effrayée. J'ignore d'où venait cette force, mais je me sentis obligée de faire du mieux possible pour réconforter les autres dans la maison, en particulier mes petites cousines, qui s'étaient mises à pleurer. Je leur dis calmement que tout allait rentrer dans l'ordre et que nous allions survivre. Même les autres adultes étaient impressionnés par ma capacité à penser positivement et calmement. J'étais bonne comédienne, mais au fond, j'étais terrorisée.

Finalement, nous finîmes par comprendre que la poussière dans l'air n'était pas du gaz et pûmes respirer normalement à nouveau. Les bombardements continuèrent un moment, avant de se calmer un peu. C'est à ce moment-là que ma famille décida qu'il valait mieux que nous rentrions à Częstochowa. Nous savions à présent que ce serait à Varsovie que le cœur de la bataille aurait lieu. Même si des affrontements conséquents se déroulaient à Częstochowa, il était préférable que nous restions ensemble, en famille. S'il nous paraissait très risqué d'effectuer le moindre déplacement à ce moment-là, il valait mieux partir que de rester au milieu de batailles aussi violentes.

Ma mère et moi faisions nos valises, tandis que mon grand-père se mit à la recherche d'un moyen de transport. Il revint rapidement pour nous annoncer qu'il avait loué une charrette tirée par des chevaux, suffisamment grande pour tous nous accueillir. Peu de temps après, notre convoi arriva et nous montâmes à bord. Entassés les uns sur les autres, nous commençâmes doucement notre voyage vers la route principale située à l'ouest, en direction de Częstochowa. En arrivant sur la route, nous nous aperçûmes qu'il ne serait pas simple de quitter la ville. La route était bouchée par le monde qui tentait de s'enfuir. Nous avancions à pas de tortue mais, au moins pour le moment, nous avancions quand même.

Nous venions tout juste de prendre un virage quand des soldats polonais vinrent à la rencontre du bouchon que nous formions sur la route. Ils nous forcèrent à nous déplacer pour les laisser passer. Les avions allemands hurlaient au-dessus de nos têtes, tandis que les bombardements continuaient. Nous comprîmes alors que notre charrette ne nous serait d'aucune utilité. Rester coincés à l'intérieur ne faisait que nous exposer aux raids. Soudain, un avion de chasse apparut dans le ciel juste au-dessus de nous. Il volait tout droit en direction des troupes polonaises avant de descendre vers eux. Le bruit des balles de mitrailleuses fit plonger les soldats dans les fossés. Nous descendîmes nous cacher en dessous de la charrette, en attendant que le mitraillage s'arrête. Nous en étions dorénavant sûrs : le reste du voyage se ferait à pied.

Nous nous dirigeâmes ensuite vers une forêt voisine, avant de continuer vers l'ouest. À la fin de la journée, nous étions arrivés dans un shtetl nommé Biala. Nous décidâmes d'y passer la nuit et d'essayer de reprendre la route le lendemain matin. Le lendemain, des troupes allemandes entrèrent dans le village. Nous avions très peur, sentant tout de même qu'il valait mieux les rencontrer ici que de se retrouver nez-à-nez avec toute l'armée, seuls sur la route. Au moins, ici, nous étions avec d'autres juifs, espérant qu'ils ne nous sépareraient pas.

Les troupes arrivèrent à Biala sans qu'aucune bataille contre les Polonais n'eut lieu. À l'époque, la seule véritable résistance polonaise prenait place à Varsovie. Rapidement, les Allemands prirent le contrôle de Biala. Ils ordonnèrent à tous les juifs de se rendre sur la place du marché. Je me rappelle y être allée et avoir vu tous ces gens rassemblés à cet endroit. Ce shtetl n'était constitué que de juifs. Nous étions des centaines à attendre leurs ordres.

Heureusement, et contrairement à ce que les Allemands faisaient en général dans les autres villes polonaises qu'ils envahissaient, ils n'avaient pas l'intention de nous capturer ni de nous tuer. Dans certains shtetls juifs, les habitants étaient emmenés de force en place publique et fusillés. Quelques jours après qu'ils eurent envahi ma ville natale, Częstochowa, les soldats de la Wehrmacht assassinèrent près de 150 juifs, et des centaines de Polonais. Plus tard, cet événement prit le nom de "lundi sanglant" dans l'histoire de la ville.

Bien entendu, nous ignorions tout de cet incident, puisque nous avions quitté la ville avant l'arrivée des Allemands. De ce fait, une fois sur la place de Biala, nous n'avions aucune idée de ce qui allait nous arriver. Ma mémoire n'est pas suffisamment bonne pour me permettre de me souvenir de ce qu'ils nous ont dit ce jour-là. Je suis presque sûre que l'on nous avait ordonné de rester là où nous étions et de ne pas quitter le shtetl. À cet instant précis, nous n'étions ni emprisonnés, ni emmurés dans un ghetto. Mais les Allemands exerçaient un contrôle strict de la zone, et par conséquent, ma famille dû rester à Biala pendant plusieurs semaines.

AU DÉBUT DE LA GUERRE : FUIR ET RENTRER CHEZ NOUS
OCTOBRE 1939

À Biala, les choses continuaient d'empirer. S'il ne semblait toujours pas y avoir de volonté d'exterminer les juifs qui vivaient ici, nous avions tout de même des difficultés à trouver de la nourriture ainsi que du matériel de première nécessité. J'étais inquiète pour mon père. Comment allait-il ? Avait-il été capturé et envoyé dans un camp de travail ? Était-il encore en vie ? Je voulais terriblement en savoir plus et, surtout, je voulais tant le revoir.

Six semaines s'étaient écoulées, et nous avions toujours pour ordre de rester au village. Nous devenions de plus en plus agités et inquiets de ce qui adviendrait si nous prolongions notre séjour ici. Je mourais d'envie de retourner à Częstochowa, mon impatience grandissait de jour en jour, à tel point que je commençai à pousser ma mère à partir. Elle aussi en avait très envie, mais craignait toujours les dangers qui nous guettaient. Malgré cela, je continuai à la harceler, l'implorant de nous laisser partir pour aller voir mon père.

Finalement, ma mère se laissa convaincre et nous saisîmes la chance de nous enfuir. Alors que la vie des juifs de toute la Pologne se détériorait, les choses semblaient rentrer à la normale pour les

Polonais. Il était de nouveau possible de voyager en train et les trajets étaient fréquents. Les trains de marchandises, quant à eux, roulaient encore plus qu'avant. Néanmoins, il était impossible pour les juifs d'acheter un billet de train. Nous avions entendu dire que des gens montaient à bord de trains de marchandises, même si c'était risqué - les Allemands avaient des priorités plus importantes que de faire la police ici. Nous décidâmes donc de prendre ce risque et de trouver un train pour rentrer chez nous.

Nous fîmes nos adieux à mes grands-parents, tantes et cousins. Eux aussi avaient l'intention de retourner dans leurs maisons en Silésie. C'était un moment d'émotion, sachant que nous ignorions quand - et même si - nous nous reverrions un jour. Nous avions peur à la fois pour eux et pour nous-mêmes. En larmes, nous commençâmes à nous diriger vers la gare ferroviaire.

Il n'y avait pas de gare à Biala, il nous fallut donc marcher jusqu'au village voisin. Heureusement, ce jour-là nous ne rencontrâmes ni policier ni soldat. Malgré tout, nous faisions en sorte de rester aussi discrètes que possible. Je voulais courir jusqu'à la gare parce que j'avais tellement envie de rentrer à la maison, mais il nous fallait marcher sans montrer le moindre signe de nervosité ou de panique.

Au bout d'un moment, nous arrivâmes à la gare qui, sans être très grande, était plutôt bondée. Nous n'étions pas les seules à essayer de partir. Nous continuâmes d'observer très attentivement la zone et de fournir les efforts nécessaires pour nous fondre dans la masse. Le village était si petit que la plupart des passagers du train ne s'arrêtaient pas ici. Ils se contentaient de ralentir pour longer la plateforme où nous nous trouvions avant de reprendre de la vitesse une fois la plateforme dépassée. Il n'était pas non plus prévu que les trains de marchandises s'arrêtent ici, mais, parfois, il leur arrivait de faire une halte à la gare en attendant que les autres trains ne libèrent les lignes.

Je ne sais pas comment ma mère s'y est prise pour identifier quel était le train qui nous conduirait dans la bonne direction. Mais elle finit par trouver un train doté d'une voiture postale en partance pour Częstochowa. Une fois arrivées à destination, mon cœur fit des bonds, rempli de l'excitation de pouvoir enfin revoir mon père, mais aussi de terreur, ignorant s'il était toujours ici. Pendant près de deux mois, nous n'avions pas eu de nouvelles de lui. Qu'allions-nous retrouver ?

Une fois descendues du train, nous pressâmes le pas pour regagner notre quartier et notre appartement. Au moment de prendre le dernier tournant et de descendre notre rue, mon anxiété devint presque insupportable. J'accélérai le pas, laissant ma mère plusieurs mètres derrière moi. J'arrivai rapidement devant notre porte d'entrée, frappai quelques coups avant de l'ouvrir en grand. Je me précipitai à l'intérieur, appelant mon père. En un clin d'oeil, il était devant moi, et nous nous jetâmes dans les bras l'un de l'autre. Des larmes coulaient sur nos joues. Ma mère me rattrapa enfin et se joignit à notre embrassade. Puis je m'écartai pour les laisser s'enlacer tous les deux.

Je me souvenais de la joie et des câlins que nous avions échangés à notre retour de nos longues vacances d'été. À l'époque, ces souvenirs m'étaient si doux et si mémorables. Aujourd'hui, je ne peux les regarder autrement que d'un œil amer : ce serait la dernière fois que nous connaîtrions de telles retrouvailles tous les trois.

SANS BRASSARD
OCTOBRE 1939

Quel soulagement d'être de retour chez nous et de retrouver mon père. Nous avions échappé à l'horreur des bombardements de Varsovie, ainsi qu'à l'angoisse qu'avaient représenté ces six semaines d'attente avant de pouvoir quitter Biala. Les choses avaient dramatiquement changé depuis. Le commerce de mon père lui avait été retiré. Les soldats allemands avaient réquisitionné des pièces de notre maison pour y vivre et y travailler. Ils restaient entre eux, et nous étions plus qu'heureux de faire de même. La situation était très tendue mais, au moins pour le moment, personne ne nous menaçait de nous tuer.

Mon père était devenu un autre homme. Son commerce, qui représentait pour lui non seulement un gagne-pain mais aussi la source de sa confiance en lui, lui avait été volé. Il était dévasté. Il n'était plus cet homme fort et déterminé que j'avais connu étant enfant. Il avait peur, son angoisse le paralysait. Il s'inquiétait à voix haute de ce qu'il pourrait nous arriver. Souvent, trop apeuré, il n'arrivait pas à quitter la maison. Ma mère et moi nous occupions des tâches qui nécessitaient de sortir de la maison.

Il y avait des pénuries de tout ce dont nous avions besoin, y compris de nourriture et de vêtements. Mettre la main sur l'un de ces articles nécessitait beaucoup de courage, d'ingéniosité et d'efforts. Je devais donc apprendre à trouver ces ressources en moi pour avancer. Aussi souvent que possible, je faisais de mon mieux pour encourager mon père. J'ignorais d'où me venait cette détermination, mais je sentais qu'il fallait que je reste positive et optimiste pour l'aider à surmonter son anxiété. En regardant en arrière, je me dis que ce sont ces moments-là qui m'ont préparée pour les années qui allaient suivre.

Juste après le début de la guerre, les enfants juifs n'eurent plus le droit d'aller à l'école. J'adorais l'école et craignais d'en être éloignée trop longtemps. Malgré l'interdiction, l'un de mes anciens professeurs donnait quelques cours pour les enfants juifs du coin. Cela se faisait clandestinement et nous faisait courir un grand risque à tous. Si nous avions été pris, nous aurions été envoyés dans des camps de concentration, ou pire, nous aurions été tués. Tant bien que mal, nous avions réussi à rendre cela possible, sans que personne ne soit jamais au courant.

Très rapidement, les Allemands arrivèrent et nous forcèrent à porter un brassard nous identifiant comme juifs. Dans la mesure où ces brassards, sur lesquels était cousue une Étoile de David, constituent l'un des emblèmes de l'Holocauste, il est inutile d'en faire la description ici. Au début, les jeunes enfants en dessous de dix ans n'étaient pas obligés de le porter. Même si j'avais déjà dix ans au moment où la guerre commença, j'étais restée un long moment sans le porter. Je ne me souviens pas si c'était parce que nous avions un doute sur l'âge requis pour le mettre, ou bien si mes parents pensaient que j'avais l'air suffisamment jeune pour passer entre les mailles du filet. Quoi qu'il en soit, ils m'avaient mise dans une situation dangereuse.

Un samedi, j'étais sortie de chez nous pour aller jouer avec une amie. J'étais contente de la revoir et de mettre de côté quelques instants le souci que me causait la guerre. J'étais toute apprêtée, sautillant joyeusement jusque chez elle. Au coin de la rue suivante, je remarquai soudain un des membres de l'infâme police "Schupo", ou *Schutzpolizei*. Cette branche de la police d'État avait été envoyée d'Allemagne pour patrouiller la Pologne. Ceux qui travaillaient pour elle devaient être membres du parti nazi et des SS. Vous pouvez donc imaginer ma peur en le voyant.

Il m'attrapa par la manche et exigea que je lui dise pourquoi je ne portais pas de brassard. Je lui répondis que j'étais trop jeune pour en porter un. Il ne me crut pas et m'ordonna de l'emmener jusque dans ma maison. Je ne vivais pas très loin de là, mais ces quelques minutes passées avec lui m'avaient tétanisée.

Une fois arrivés, ma mère ouvrit la porte et manqua de s'évanouir. Ses joues se vidèrent de leur couleur, tandis que la peur se propagea sur son visage. Le policier lui demanda pourquoi je ne portais pas de brassard. J'ai eu si peur sur le moment, que je ne me souviens plus de ce que ma mère lui a répondu. Heureusement, il se contenta de nous réprimander et me laissa partir. La plupart des personnes prises sur le fait sans brassard étaient punies sévèrement, et parfois même envoyées dans les camps de concentration.

J'avais échappé à une situation qui aurait pu coûter la vie de mes parents ou la mienne. À partir de ce moment, plus jamais je ne quittai la maison sans le brassard.

Utiliser l'Étoile comme tactique pour reconnaître les juifs n'était pas une idée nouvelle en Europe. Cette méthode avait déjà été utilisée au cours de l'Histoire de l'Europe. Mais les nazis avaient perfectionné ce système et s'en servaient avant tout pour nous humilier. Quand nous passions près de non-juifs, ils faisaient souvent en sorte de nous éviter ou de s'écarter au maximum pour marcher le plus loin possible de nous. Cela ne m'est jamais arrivé, mais de nombreux juifs étaient tout simplement poussés hors du chemin ou au sol quand ils passaient devant des Polonais ou des Allemands.

La vie resta relativement stable pendant l'année et demie qui suivit et notre situation ne changea pas beaucoup. Certes, les choses devenaient de plus en plus compliquées, et nous vivions dans la peur constante, mais nous étions à des lieues d'imaginer l'horreur qui arrivait pourtant vers nous à grands pas. Il était difficile d'en savoir plus sur l'actualité de la guerre. C'est pourquoi, nous essayions de nous rassurer, pensant que les choses ne pourraient pas empirer. Nous avions espoir que la guerre s'arrête bientôt. Tel que je m'en souviens, nous arrivions à mener une vie supportable, au vu des circonstances. Mais au printemps 1941, notre situation finit par changer rapidement.

DANS LE GHETTO
AVRIL 1941

Au cours des deux premières années de la guerre, nous avions été autorisés à rester chez nous. Même si, à l'époque, nous partagions notre maison avec des officiers allemands et d'autres nationalités, le fait d'être dans un endroit qui nous était familier nous apportait un peu de normalité et de confort. De ma vie, je n'avais jamais vécu autre part. C'était une belle maison : elle faisait partie d'un bloc de maisons situées dans le centre de la ville et était relativement grande par rapport aux normes européennes du milieu du XXe siècle. Elle était confortable et munie d'un grand poêle qui chauffait toute la maison.

Cela faisait longtemps que les Allemands avaient l'intention de se débarrasser des juifs. Nous savions déjà que les choses se compliquaient fortement pour les juifs de toute la Pologne. Même si nous n'avions pas la moindre idée de ce qu'était la "Solution finale", nous avions entendu beaucoup d'histoires de meurtres épouvantables. De plus, nous avions appris l'existence de l'infâme Ghetto de Varsovie, ainsi que d'autres ghettos dans lesquels les juifs de tout le pays étaient forcés d'emménager.

En avril 1941, ce fut à notre tour d'être chassés de chez nous. Lorsque le ghetto de Częstochowa fut créé, nous fûmes rapidement arrachés à notre demeure. Les Allemands décidèrent de construire le ghetto dans l'endroit le plus pauvre et le moins attractif de la ville. On nous assigna un petit appartement. Je me demandais souvent qui avait habité ici avant nous. Que leur était-il arrivé et où étaient-ils allés ? Avaient-ils connu un sort pire que le nôtre, ou bien, avaient-ils été autorisés à partir sous d'autres cieux pour nous permettre d'emménager ici à leur place ? Étant donné que ces gens faisaient partie des Polonais les plus pauvres de la ville, je doute que ç'ait été le cas. Peut-être avaient-ils été emmenés pour travailler dans une usine voisine. Ou peut-être que cet appartement avait été habité par des juifs ayant déjà subi le sort que tant d'autres s'apprêtaient à connaître.

C'est à peine si je pouvais appeler cette nouvelle demeure notre "chez-nous" : elle était en ruine et très sale. Par ailleurs, nous n'avions pas été autorisés à amener grand chose de notre ancienne maison. Nous allions donc vivre une vie encore plus restrictive qu'avant, mais d'un autre côté, nous ne craignions pas encore pour nos vies. La menace était toujours là, bien entendu, mais tant que nous obéissions aux règles strictes, sans tenter de les contester, nous avions espoir d'échapper à la mort.

Pendant ce temps, les conditions de vie dans ce ghetto et dans les autres ghettos de Pologne se détérioraient rapidement. Les gens étaient contraints de vivre ensemble dans une grande promiscuité. Il arrivait souvent qu'il y ait plus d'une famille par maison ou par appartement. On estime aujourd'hui qu'en moyenne, dans un ghetto polonais, sept personnes vivaient ensemble dans une même pièce. De ce fait, il était difficile de garder les choses dans un état à la fois propre et hygiénique.

Du fait de l'importante densité de population et du manque d'hygiène, ces ghettos devinrent rapidement des créateurs et des propagateurs de maladies. À cause de ce confinement, des millions de juifs polonais moururent du typhus, de la tuberculose et d'autres maladies contagieuses. Cependant, ce ne sont pas les nazis qui ont inventé les ghettos : l'utilisation du mot "ghetto" pour ces lieux d'enfermement est née à Venise en 1516, lorsque les dirigeants de la ville forcèrent les juifs qui y vivaient à s'enfermer dans une section murée. Cette zone était l'ancien emplacement d'une fonderie de métaux. Le mot italien pour fonderie est "ghetto". Le ghetto vénitien n'avait pas été mis en place pour éradiquer les juifs, mais plutôt pour les isoler des chrétiens de la ville. Les juifs de Venise étaient autorisés à sortir pendant la journée pour faire leurs affaires, mais devaient rentrer la nuit avant que les portes des ponts qui menaient à la section ne soient verrouillées.

Les Allemands, comme à leur habitude, s'étaient emparés de l'idée et l'avaient poussée à son paroxysme.

Au début, le ghetto de Częstochowa n'était pas fermé : il n'y avait ni murs ni fils barbelés qui le séparaient du côté polonais. Les Polonais pouvaient aller et venir comme bon leur semblait, mais les juifs, eux, n'avaient pas le droit d'en sortir. Au bout de quelques temps, cela finit par changer. Des clôtures furent érigées tout autour du ghetto et les Polonais reçurent l'interdiction d'y pénétrer, ce qui engendra pour nous des difficultés supplémentaires. Tant que les Polonais étaient autorisés à entrer, il nous était possible, grâce au marché noir qui avait émergé, de négocier auprès d'eux l'achat des produits de première nécessité. Une fois leur venue interdite, trouver de quoi nous nourrir et compléter nos besoins devint bien plus difficile. Rien ne pouvait entrer, rien ne pouvait sortir.

Les Allemands ne nous fournissaient que très peu de nourriture et d'objets de première nécessité. Ils resserraient progressivement leur emprise, comme s'ils nous étouffaient métaphoriquement. Mais, leur processus d'élimination des juifs d'Europe n'allait pas tarder à s'accélérer. Leur stratagème pour tous nous tuer était bien rodé : ils s'y prendraient de la manière la plus efficace, lentement et méthodiquement, en nous ôtant de plus en plus de choses et en nous forçant à vivre dans des conditions toujours plus difficiles. Tels des sadiques serrant les vis de leur appareil de torture, ils se délectaient de ce long processus de déshumanisation. C'était une stratégie émotionnelle et psychologique pour nous détruire. Peut-être que si nous avions su ce qui allait nous arriver, nous n'aurions pas eu la force mentale pour lutter contre notre angoisse. Certaines personnes avaient le pressentiment que quelque chose d'atroce allait se produire. Nombreux furent ceux qui avaient préféré mettre fin à leurs jours plutôt que de rester dans l'attente. Parfois, des familles entières s'empoisonnaient. Était-ce un meilleur destin que de laisser les nazis assouvir leurs plaisirs sadiques ?

Nous faisions de notre mieux pour résister à cette torture mentale. Pourtant, l'idée que quelque chose de pire puisse se passer nous terrorisait. Des rumeurs de choses terribles qui se passaient dans les autres ghettos circulaient, notamment au sujet des camps de concentration. Des raids avaient lieu partout en Pologne pour rassembler les juifs et les y envoyer. Nous finîmes ensuite par entendre dire que certains de ces camps avaient pour but l'extermination des juifs, tués par le travail ou gazés.

Leur plan allait maintenant être exécuté à Częstochowa. Les rafles et les évacuations de masse commencèrent durant l'été 1942. Les jeunes hommes furent les premiers à être ciblés par ce plan diabolique. Parfois, ils les capturaient au hasard dans la rue. D'autres fois, ils avaient des listes de noms et venaient chez eux pour les arrêter. Ou bien, à notre grande honte, les fonctionnaires juifs du *Judenrat* étaient forcés de les capturer. À cette époque-là, on leur disait qu'ils seraient envoyés pour travailler dans ces camps. Mais nous connaissions la vérité.

Ils nous avaient tout d'abord pris nos commerces, nos métiers et nos écoles. Puis, ils nous avaient sortis de nos maisons pour nous mettre dans le ghetto, avant de nous déposséder de nos biens matériels. Et maintenant, c'était nous qu'ils voulaient.

Le ghetto avait été créé en avril 1941. Un an plus tard, ils venaient pour nous tuer. Le 22 septembre 1942, la plus grande *aktion* commença dans ma ville natale. C'était le lendemain de Yom Kippour. Les nazis planifiaient souvent leurs attaques contre les juifs les jours qui, dans notre calendrier, représentaient des jours de fête. Ils se délectaient de "trouver des moyens d'ajouter à leur cruauté". Les raisons d'un calcul aussi diabolique et de l'utilisation de cette tactique me sont, à ce jour encore, incompréhensibles.

Cette aktion signerait le début de la liquidation totale de la ville. Comme dans la plupart des autres villes du pays, les juifs de Częstochowa avaient été envoyés dans un ghetto. Une fois en place, celui-ci comptait plus de 40 000 personnes, entassées les unes sur les autres dans le quartier le plus pauvre de la ville. À son paroxysme, c'était plus de 48 000 habitants malades et affamés qui se retrouvèrent parqués dans des espaces de vie minuscules et insalubres.

Très tôt ce matin de septembre, nous entendîmes l'agitation provenant des rues. Des officiers allemands et des policiers polonais frappaient aux portes et exigeaient que tout le monde sorte et se rende à la gare. Bien sûr, nous étions terrifiés parce que nous savions où allaient ces trains qui partaient avec des juifs - vers les camps d'extermination.

Mes parents discutaient nerveusement de ce qu'il convenait de faire. Rapidement, ils élaborèrent un plan. Mon père et moi avions des papiers prouvant que nous travaillions pour soutenir l'effort de guerre allemand. Lui avait travaillé dans une usine locale, et moi, dans une ferme, mais ma mère n'avait pas de tels papiers. Mon père espérait que peut-être, une fois que nous serions arrivés à la gare et que nous aurions montré nos papiers, ils nous laisseraient rentrer à la maison et qu'ils ne nous mettraient pas dans le train. En attendant, ma mère se cacherait dans le grenier de l'appartement tandis que mon père et moi suivrions les instructions.

Je dis au revoir à ma mère, sans me rendre compte que ce serait la dernière fois que je la verrais. Je pense souvent à ce que je lui aurais dit, si j'avais su cela. Aujourd'hui encore, la douleur me fait monter les larmes aux yeux quand je repense à ce moment. Une telle situation doit inciter à chérir chaque moment que l'on passe avec ceux que l'on aime. À ce moment-là, tout allait si vite, que je ne me souviens ni des émotions que j'ai ressenties, ni de ce que je lui ai dit.

Mon père et moi quittâmes alors l'appartement en direction de la gare. En tournant au coin d'une des rues principales, nous vîmes des hordes de personnes se déplaçant dans le même sens. Des soldats et des policiers criaient et les poussaient en avant sous la menace de leurs armes. La situation devenait chaotique. Des hommes et des femmes âgés qui pouvaient à peine marcher, des malades et des boiteux, de jeunes enfants et des bébés dans les bras de leurs mères étaient poussés sans ménagement.

En nous approchant de la gare, nous pouvions voir les wagons et les personnes qui y étaient entassées de force. Rien n'indiquait que quiconque était autorisé à rentrer chez lui dans le ghetto. Mon père comprit que les papiers que nous avions sur nous ne nous serviraient à rien. À ce moment-là, il attrapa mon bras et m'entraîna avec lui, rapidement et discrètement, dans une ruelle. Maintenant hors de vue, nous nous mîmes à courir jusqu'à une rue adjacente. Juste en bas de la rue se trouvait une scierie. Nous nous précipitâmes à l'intérieur pour nous accroupir derrière une pile de bois que nous venions tout juste d'apercevoir.

Dehors, le chaos régnait. Des cris, des hurlements et des appels à la pitié résonnaient dans les bâtiments de la ville. Puis des tirs commencèrent à ricocher dans les rues. Les aboiements des chiens dressés se mêlaient aux cris des enfants. Mon père me dit de m'allonger et de rester aussi immobile que possible. Il était tôt, mais la journée commençait déjà à être chaude. L'odeur du bois emplissait mes narines et les battements de mon cœur couvraient certains des bruits horribles du dehors. Qu'est-ce qui nous attendait ?

AKTION ! LA MORT ARRIVE À CZESTOCHOWA
SEPTEMBRE 1942

Un jet de résine collante, brun doré, en forme de bulbe, pendait de la pile de bois juste au-dessus de mon nez. Je le regardais fixement, imaginant que c'était du miel, ce qui ne faisait qu'intensifier la douleur de la soif et de la faim que je ressentais dans ma gorge et mon estomac. Ce bulbe n'avait pratiquement pas bougé pendant des heures, bien que la gravité l'ait clairement attiré quelque peu vers le bas. Mes narines étaient imprégnées de l'odeur piquante et familière des planches de bois fraîchement coupées. Je connaissais aussi le goût de la résine, mais je me rappelais que celui-ci n'était pas agréable, même s'il semblait doux. En levant les yeux vers la résine, le souvenir d'avoir mangé du miel doré coulant d'une tranche de pain fraîchement cuit me revint en tête et me donna le vertige.

Mon père et moi étions restés cachés dans cette scierie toute la journée. Nous avions couru nous y dissimuler afin d'échapper à l'assaut du raid nazi. Une fois à l'intérieur, nous avions rampé jusque sous un tas de bois pour nous mettre à l'abri des regards. Cela faisait des heures que nous étions allongés là immobiles quand on entendit des coups de feu en provenance du ghetto juif voisin de Częstochowa, en Pologne. Les nazis étaient venus pour tuer tous les juifs dans ce que l'on appelait froidement une "liquidation." Ce jour effrayant de septembre 1942 allait m'entraîner dans une longue lutte désespérée pour la survie.

Częstochowa, ma ville natale, était plus grande qu'un shtetl ou même qu'un village. C'était en fait une ville, connue pour être une ville sainte pour les catholiques. Dans le monastère de Jasna Góra, situé en ville, se trouve le tableau mondialement connu de la Vierge noire. Selon la tradition, il avait été apporté à Częstochowa en 1384 par le duc d'Opole, une ville du sud de la Pologne. Des millions de catholiques font des pèlerinages chaque année pour voir le tableau. Le pape Jean-Paul II a même révélé qu'il était secrètement venu le voir pendant la Seconde Guerre mondiale, alors que les nazis contrôlaient la région, prenant ainsi des risques considérables.

Malgré sa place dans la foi catholique, il y avait une assez grande communauté juive à Częstochowa avant la guerre. Cette situation était sur le point de changer radicalement. L'opération Reinhard avait commencé. C'était le plan nazi pour éliminer tous les juifs de Pologne.

L'odeur du bois et de la résine suintante m'étaient très familières. Mon père possédait lui aussi une scierie à Częstochowa. Lorsque les Allemands envahirent la Pologne en 1939, ils ne tardèrent pas à prendre le contrôle de son entreprise et le forcer à héberger les soldats et les fonctionnaires allemands qui venaient gouverner la région. Ironiquement, lui et moi étions à présent cachés dans le bois pour échapper aux meurtriers. Ce n'était pas sa propre scierie, mais une autre, située en ville. Mais cet environnement nous était tout aussi familier.

Une fois la liquidation terminée, la grande majorité de ces personnes furent envoyées vers les camps de la mort, la plupart à Treblinka. Ici, en ce jour sombre, j'attendais sous les piles de bois en me demandant quel serait mon sort.

Mon père et moi avions eu beaucoup de chance : nous n'avions pas été découverts. Le chaos qui s'ensuivit dans les rues était tout aussi bruyant que furieux. À chaque coups de feu, mon corps se contractait et tressaillait. Le bruit qu'ils faisaient était effrayant, les cris et les pleurs de nos camarades juifs étaient horribles. Mais il y avait un son qui me pétrifiait davantage à ce moment-là : tout autour de nous, des dizaines de chiens aboyaient frénétiquement pour repérer les personnes qui se cachaient et fuyaient les nazis. Quelles étaient nos chances de survivre s'ils s'approchaient de nous ?

Au fil des heures, le bruit de la terreur se levait puis retombait comme les vents d'une violente tempête.

Mon père était un travailleur acharné et avait construit son entreprise à partir de rien, au prix de nombreux sacrifices. Il avait créé une vie merveilleuse et confortable pour ma mère et moi, et ce, dans un monde encore marqué par la Grande Dépression. Nous n'étions pas riches, loin de là, mais nous avions tout ce dont nous avions besoin et bien plus encore. Même s'il n'était pas grand, notre logement était confortable et suffisamment spacieux pour nous trois. C'était un appartement modeste mais agréable, situé dans un immeuble résidentiel près du centre de la ville. Chaque été, nous prenions de longues vacances dans diverses stations balnéaires des montagnes du Caucase, dans le sud-est de la Pologne. Très souvent, seules ma mère et mes tantes y allaient car mon père devait rester pour s'occuper des affaires.

Mon père aurait peut-être été déçu d'entendre cela, mais ces vacances d'été étaient la période de l'année dont je me languissais le plus. Peut-être aurait-il préféré que je dise que mes jours préférés étaient les jours saints juifs. Même s'il n'était pas orthodoxe, mon père était un homme religieux et il respectait les traditions de notre foi très soigneusement. Son magasin était fermé les jours de Shabbat et pendant les jours saints. Les soirées de Shabbat étaient toujours un moment agréable, avec des bougies allumées et une prière entamée dès le début de la cérémonie. Nous avions une maison casher.

Mon père ne portait ni barbe ni papillote, cependant, mes grands-pères, eux, étaient tous deux hassidiques et avaient maintenu cette tradition. Les règles dans leurs maisons étaient beaucoup plus traditionnelles et nous les respections chaque fois que nous leur rendions visite. Mon père fit ensuite le choix d'être plus moderne dans son style de vie et de se fondre un peu plus dans la société polonaise.

Allongée sous le tas de bois, j'essayais de me remémorer les moments heureux que nous avions passés avec nos grands-parents pour m'empêcher de paniquer. Je faisais de mon mieux pour garder une respiration normale et pour rester aussi calme que possible. Mais, plus l'agitation montait dans les rues, plus cela devenait difficile.

Le crépuscule finit par succéder au soleil de cette fin d'après-midi, et peu à peu, le chaos s'éteignit. Les tirs avaient cessé, à l'exception d'une rafale occasionnelle au loin. Les chiens, à présent silencieux, avaient été éloignés, ce qui me procura un grand sentiment de soulagement.

Nous avions patiemment attendu que la nuit tombe enfin. Sous les planches, je ne voyais presque rien. Près de nous, un lampadaire brillait juste assez pour révéler la sortie de la scierie. Mon père me fit signe de le suivre et nous sortîmes tous les deux, silencieusement et prudemment, de notre cachette. Nous nous dirigeâmes lentement vers la sortie, avant de nous élancer dans la rue sombre.

Mon père me fit alors part de son plan : retourner chez nous pour retrouver ma mère, et être enfin réunis. Ce n'était pas loin mais, le couvre-feu étant maintenant dépassé, si un juif était surpris dehors après cela, il serait abattu à vue. Même si tout était calme et que la tuerie avait cessé, des policiers et des soldats patrouillaient toujours dans le quartier. Cette section de la ville était déserte à présent - peut-être parce qu'elle venait d'être rendue *Judenrein*, c'est-à-dire, "débarrassée des juifs".

Mon père connaissait très bien les rues : il choisit un itinéraire nous permettant de nous faufiler entre les immeubles et de marcher le long de leurs abords, plutôt que de descendre directement la rue. Nous nous déplacions prudemment de bâtiment en bâtiment jusqu'à ce que nous arrivions tout près de notre maison. Nous n'avions plus que quelques mètres à traverser avant d'être chez nous.

Alors que nous traversions l'un de ces lotissements, mon père repéra un robinet d'eau qui dépassait de l'arrière d'une maison. Nous avions tous deux très soif et étions extrêmement déshydratés. Il avait apporté avec lui une bouteille remplie de thé lorsque nous avions quitté la maison ce matin-là, mais qui était vide à présent. Il s'approcha alors du robinet et commença à remplir sa bouteille.

Soudain, un policier Polonais surgit en face de mon père, et le regarda dans les yeux. Comment avait-il pu faire irruption de la sorte ? Peut-être était-ce le son de l'eau qui coulait qui l'avait averti de notre présence ? Je sursautai de peur et tout mon corps se raidit. Je sentais la panique monter en moi, mais pour le moment, je réussissais à garder mon calme. Le policier exigea de savoir ce que nous faisions ici et pourquoi nous étions dehors après le couvre-feu. Il pointait son arme vers mon père tout en lui posant ces questions.

Ce matin-là, après avoir quitté la maison, mon père avait fouillé dans sa poche pour me donner une partie de l'argent qu'elle contenait, en me disant de le cacher dans ma chaussure. À présent, il suppliait le policier de ne pas nous embarquer, lui disant qu'il lui donnerait tout notre argent. Puis il se tourna vers moi et me dit de donner tout ce qu'il m'avait confié à cet homme. Je me penchai pour attraper ma chaussure quand il commença à enlever la montre qu'il avait au poignet. "Tenez, prenez ma montre aussi," dit-il à l'officier.

Mais l'officier ne se laissa pas acheter, du moins, pas si facilement. "Attendez ici un instant," ordonna-t-il, avant de se tourner et de partir en direction de la rue. Nous ignorions la raison de son départ. Était-il parti chercher de l'aide ou s'assurait-il tout simplement qu'aucun autre policier ne le vit en train d'accepter le pot de vin ?

Quoi qu'il en soit, maintenant qu'il n'était plus dans notre champ de vision, je ressentis une envie irrésistible de m'enfuir en courant. Je me retournai puis fonçai à travers la cour sans m'arrêter jusqu'à mon arrivée dans la cour de notre immeuble d'habitation, située à quelques pas de là. Je n'osai pas entrer dans la maison, ne sachant pas qui pouvait m'y attendre. Je me cachai donc sous des buissons au bord du terrain et attendis.

Dans ma panique pour m'enfuir, je n'avais pas dit un mot à mon père. Je ne lui avais pas demandé si je devais m'enfuir. Même maintenant, en me rappelant l'incident, je ne peux pas comprendre pourquoi je suis partie. À quoi pensais-je, dans ma tête de petite-fille de 12 ans, en abandonnant mon père dans une situation aussi dangereuse ? Je n'avais fait que suivre mon instinct, peut-être commandé par le désespoir, la panique et la peur. Telles étaient les émotions que je ressentais et, avec le recul, je me rends compte que courir était une réponse naturelle à ces sentiments. Je commençai à craindre pour la sécurité de mon père et attendis dans le noir en espérant qu'il me rejoigne bientôt.

Au fur et à mesure que de longues minutes d'attente anxieuse s'écoulaient, et que le bruit des policiers à notre recherche, venus en grand nombre, s'intensifiait, je commençai à comprendre que je ne le reverrai pas de sitôt. J'avais fait tout ce que je pouvais pour retenir mes larmes et mes sanglots, tandis que je restais immobile dans l'air frais de cette nuit de septembre.

SACCAGÉE !
SEPTEMBRE 1942

Allongée immobile sous le buisson, j'essayais de percevoir à travers les branches et l'obscurité un quelconque signe de vie dans notre maison. Celle-ci n'était qu'à quelques mètres de moi, mais après les atrocités dont nous avions été témoins l'autre jour, je craignais de m'y rendre sans avoir pris le temps d'observer plus attentivement les alentours. Je me demandais si mon père avait pu s'enfuir lui aussi. Je commençais à me sentir coupable de l'avoir abandonné.

Cette nuit-là, le temps se rafraîchit rapidement. Je tremblais, peut-être plus de peur que de froid, puisqu'il faisait relativement chaud pour une fin de septembre. Le bruit que faisaient les policiers à mes trousses commença à s'estomper puis finit par s'arrêter. Je continuais d'attendre, juste pour être totalement sûre.

Mon esprit vagabondait, quand des souvenirs de ma petite enfance me revinrent en mémoire. Je me souvenais de la joie que j'éprouvais d'aller à l'école, de l'enthousiasme que je ressentais à l'idée d'apprendre de nouvelles choses. J'adorais l'histoire. Je fréquentais une école juive traditionnelle, c'est donc tout naturellement que nous apprenions quelles avaient été les figures marquantes de notre foi.

Ces histoires, si spectaculaires et si puissantes, avaient survécu à l'épreuve du temps : l'histoire d'Abraham, qui offre son fils en sacrifice afin de prouver son obéissance à Dieu, juste avant que ce dernier ne l'épargne à la dernière minute ; comment Moïse renonça à sa puissante place dans le royaume égyptien pour défendre l'un de ses frères juifs qui était battu à mort : il fut forcé de quitter l'Égypte et de vivre dans la nature la plus sauvage, avant d'y retourner pour sortir son peuple de l'esclavage pour ensuite le guider vers la terre promise ; comment les Babyloniens s'emparèrent de Jérusalem et renvoyèrent les juifs dans leur capitale pour en faire des esclaves ; enfin, nous connaissions tout du miracle de la lampe à huile, quand le roi de Séleucide, Antiochus Épiphane, essaya d'éradiquer la religion juive au IIe siècle avant Jésus Christ.

Pourquoi les juifs, pris pour cibles depuis la nuit des temps, avaient-ils été aussi haïs tout au long de l'histoire ? Comment cela pouvait-il arriver à nouveau aujourd'hui ?

À l'école, nous avions également étudié l'histoire des pays occidentaux. Je savais qu'au cours de ces 2000 dernières années, de nombreux despotes avaient tenté maintes fois de conquérir et de diriger l'Europe. De César à Charlemagne, et de Napoléon au Kaiser Wilhelm, la guerre s'était abattue sur le continent toutes les fois que ces dictateurs tentaient d'effacer les frontières nationales et tribales pour créer une culture européenne unique. Ce qui se produisait aujourd'hui était incroyablement différent. Ce nouveau tyran, Adolph Hitler, était véritablement un fou furieux. Que le peuple allemand ait pu consentir à ce qu'il s'empare du pouvoir nous avait tous laissés perplexes. Une fois de plus, les juifs se retrouvaient dans la ligne de mire de la colère d'un homme diabolique.

Mon esprit s'éloigna à présent de mes cours d'école pour se concentrer sur les bons moments que j'avais passés avec mes petits voisins, avec lesquels j'étais amie. Nous n'avions ni télévision ni jeux vidéo et nous passions le plus clair de notre temps dehors dans les rues, dans les parcs et dans les champs. Nous jouions au chat, à la marelle et à la corde à sauter. Dans les champs, nous jouions au football et nous nous courions après lors de parties de cache-cache. Tout cela n'existait plus à présent. Cette année, le simple fait d'être dehors nous exposait au risque d'être capturés ou tués. Et maintenant, je prenais conscience que j'étais dehors après l'heure du couvre-feu, dans un quartier qui venait d'être vidé de tous les juifs. Mon cœur, prit de peur, commença à s'emballer.

Combien de temps étais-je restée allongée sous ce buisson ? Les alentours étaient calmes depuis longtemps, du moins c'est ce qu'il me semblait. Je savais que je ne pouvais pas rester toute la nuit ici, et certainement pas après le lever du soleil. J'avais perdu toute notion du temps. Peut-être que le soleil se lèverait bientôt ? Je ressentis soudain le besoin urgent de me mettre en route.

De tout le temps que j'étais restée dans ce jardin, je n'avais entendu aucun bruit provenir de la maison. Je décidai alors de m'avancer prudemment dans sa direction. Une fois sortie de dessous le buisson, je m'approchai doucement de la maison jusqu'à la porte d'entrée, à l'affût de tout bruit ou mouvement suspects. Soudain, le vent se mit à souffler à travers les branches des arbres. Cela avait été très subtil, mais suffisant pour me faire sursauter et pour que je me fige. Je regardai furtivement autour de moi, mais ne vit personne. Les rues étaient vides. La porte étant ouverte, je m'élançai et me faufilai à l'intérieur. Tandis que j'entrais dans la pièce principale, mes yeux s'habituèrent progressivement à la pénombre dans laquelle était plongée la pièce.

C'est à ce moment-là, pour mon plus grand effroi, que je constatai que la maison avait été saccagée. Les meubles avaient été renversés, les lampes ainsi que nos articles ménagers avaient été jetés au sol. Dans la cuisine, les casseroles et les poêles avaient été disséminées dans toute la pièce ; la vaisselle, brisée, et les portes des armoires, ouvertes en grand. Je me déplaçais lentement en direction de la chambre, avant de m'arrêter net, paralysée dans mon élan. Une pensée horrible venait de me traverser, m'empêchant de continuer à avancer. Je pensais que la prochaine chose que je verrais, serait ma mère gisant morte sur le plancher.

Paniquée, je me raidis et fis un pas en arrière. Je me tournai et sortis en courant à travers la rue, déterminée à m'enfuir le plus loin possible de la maison.

AUX ABORDS DU GHETTO
SEPTEMBRE 1942

En quittant notre maison saccagée et en retournant dans les rues sombres, devenues silencieuses, je n'avais aucune idée de ce que je devais faire ensuite. Le couvre-feu était dépassé depuis longtemps et je savais que mes assaillants n'auraient aucune pitié pour moi s'ils me voyaient.

Je faisais de mon mieux pour rester dans l'ombre, loin de la lumière. J'étais d'autant plus déterminée à garder mon calme qu'il fallait que je puisse penser clairement. D'où venait cette détermination ? J'avais été une enfant unique, choyée et protégée de mille manières de la dureté de la vie. Ce dont j'avais été témoin et ce que j'avais vécu au cours des deux dernières années, depuis que les nazis avaient semé la terreur, avaient certainement contribué à m'endurcir. Il m'arrive encore de me demander aujourd'hui comment une si jeune fille de 12 ans a pu trouver en elle une telle volonté de continuer.

La peur et le besoin de sécurité étaient les deux seules choses qui traversaient mon esprit. Où pourrais-je me cacher et attendre que la lumière du jour mette fin au couvre-feu et me permette de retrouver mon père ? La terreur de la veille était-elle terminée ? Je n'étais pas optimiste. Je finis par décider qu'il valait mieux que je regagne le buisson du jardin et que j'attende le lever du jour.

Je rampai sous les branches piquantes des arbustes avant de m'y allonger. Mon cœur battait si fort qu'il était difficile de réfléchir, mais je faisais de mon mieux pour me souvenir de la manière dont était disposée la ville : notre appartement se trouvait aux abords du ghetto juif. D'un côté se trouvait une voie ferrée qui séparait le ghetto du quartier polonais. Une clôture séparait notre propriété des rails. De l'autre, il y avait un portail qui s'ouvrait sur la voie ferrée. Peut-être que si je pouvais entrer dans le quartier polonais, je pourrais m'y fondre ou m'y cacher jusqu'à ce que je retrouve mon père.

Je me rappelai subitement que, non loin de notre logement, du côté polonais, se trouvait un magasin d'alimentation tenu par une gentille dame polonaise. Ma mère avait l'habitude d'acheter ses fruits chez elle et elle était toujours amicale et gentille avec nous. J'avais maintenant un plan. Mais il me faudrait attendre jusqu'au petit matin, puisque toute tentative pour m'y rendre pendant le couvre-feu conduirait certainement à ma perte. Je pris une grande inspiration afin de me détendre un peu, allongée sous les feuilles du buisson, et fis une prière. J'essayais de m'endormir, mais même si je me sentais plus calme et que j'étais épuisée, je ne parvenais pas à trouver le sommeil.

Les heures passèrent lentement et la lumière de l'aube finit par arriver, remplissant le ciel de ses nuances de couleur. J'attendais patiemment que la ville se réveille et qu'elle se mette en mouvement. Il faisait complètement jour à présent. J'émergeai prudemment des buissons, en direction du portail.

Après avoir fait quelques pas, ma jambe droite manqua de se dérober sous mon poids. Je regardai au sol et m'aperçus que je n'avais qu'une seule chaussure. Aussi insensé que cela puisse paraître, j'avais passé la nuit entière sans me souvenir du fait que je l'avais retirée au moment où mon père m'avait demandé l'argent que j'y cachais pour le donner au policier. C'était à ce moment précis que j'avais déguerpi et que je m'étais enfuie vers ma maison, laissant ma chaussure derrière moi, avec mon père. Ce n'était pas agréable de marcher avec une seule chaussure, donc je décidai d'ôter la deuxième et de continuer pieds nus jusqu'à la clôture.

Une fois arrivée au portail, je jetai un coup d'œil prudent pour voir ce qu'il y avait de l'autre côté. Juste après la voie ferrée se trouvait un talus qui montait jusqu'au quartier polonais. Puisqu'il s'agissait de la frontière avec le ghetto, des policiers avaient été déployés au sommet de ce talus pour surveiller les juifs tentés de sortir du ghetto. J'attendais, observant attentivement les environs pour m'assurer que la voie était libre. Peu de temps après, l'un d'eux apparut et se déplaça lentement le long du bord, jetant un coup d'œil vers le ghetto et le chemin de fer. Il s'arrêta et se tourna vers le portail près duquel je m'étais accroupie. M'avait-il vue ? Je fis en sorte de me baisser un peu plus, et de m'éloigner de l'entrée par laquelle je regardais. J'attendis ainsi quelques minutes en essayant de ne pas faire de bruit.

Quand j'eus le courage de regarder à nouveau, il était parti. Soulagée, je me relevai lentement avant de me diriger vers le portail. Celui-ci était verrouillé. Impossible d'en forcer l'ouverture. Il me faudrait donc l'enjamber pour pouvoir passer de l'autre côté. Aurais-je le temps de faire cela avant le retour du policier ? Je l'ignorais, mais en même temps, je ne pouvais pas imaginer rester plus longtemps dans le jardin. Sans réfléchir davantage, je me mis à grimper au portail et réussis à passer de l'autre côté. Comment avais-je fait ? Je n'étais qu'une petite fille, et le portail semblait si haut. Pourtant, d'une manière ou d'une autre, j'y étais parvenue. Une fois à l'intérieur, il n'y avait plus une seconde à perdre : je gravis le talus jusqu'au sommet en direction du magasin de notre amie polonaise.

Serait-elle là ? Pourrais-je arriver jusqu'au magasin sans me faire prendre ? M'aiderait-elle ou bien serait-elle trop apeurée pour faire quoi que ce soit ? Tant de questions qui n'avaient qu'une seule réponse : continuer et faire de mon mieux pour passer inaperçue.

Quelques passants circulaient dans les rues qui s'animaient progressivement. À présent, je me trouvais tout près du magasin. Une fois de plus, je rassemblai toute ma détermination pour essayer de rester calme. Mon cœur battait si fort que je croyais qu'il allait exploser dans ma poitrine. Je voulais courir aussi vite que possible, mais je tâchai de garder la tête froide pour maintenir un rythme de marche normal. Je voulais à tout prix éviter d'attirer l'attention sur moi afin que personne ne me remarque. Je tournai au coin de la rue qui menait au magasin. Plus que quelques pas à faire avant de savoir si mes espoirs, quant à l'aide que pouvait me fournir cette femme qui avait été si gentille et si serviable avec nous, étaient justifiés.

Des souvenirs de ma mère et de nos visites dans ce magasin, se bousculaient dans mon esprit au fur et à mesure que je rassemblais mon courage pour aller à sa rencontre. Cette femme nous avait aidés toutes les fois que les choses s'étaient compliquées pour nous dans le ghetto. Quand nous n'avions pas suffisamment d'argent pour notre nourriture, elle nous en offrait systématiquement une partie. Ma mère faisait du mieux qu'elle pouvait pour payer, mais parfois, elle n'avait rien. Et, même quand elle réussissait à la payer, Mme Sporna lui offrait souvent une ration supplémentaire de sucre, de pain ou de pommes de terre. Nous étions si reconnaissants de sa gentillesse, d'autant plus qu'elle se mettait elle-même en danger pour nous venir en aide.

Quand les Allemands commencèrent à confisquer les objets de valeur des juifs, il devint encore plus difficile de trouver des moyens de payer pour acheter les choses dont nous avions besoin. Ils exigeaient que les bijoux, l'or et l'argent soient donnés pour aider à leur effort de guerre. Lorsque l'ordre fut donné à tous les juifs de rendre leurs manteaux de fourrure, ma mère décida de donner son manteau directement à cette amie. Elle préférait que ce soit elle qui l'ait, plutôt que les Allemands. Mon père avait lui aussi un manteau en fourrure, mes parents lui offrirent également. Ces deux manteaux avaient une grande valeur.

Je repensais à ces manteaux, tout en me demandant si elle les avait encore. Après avoir passé toute une nuit dehors dans l'air froid, j'imaginais la sensation d'en avoir un sur moi pour me tenir chaud. Aurait-elle suffisamment pitié de moi pour m'en rendre un ? Pour l'instant, j'avais juste besoin d'être cachée et peut-être de manger un peu. Je n'attendais rien de plus d'elle. J'espérais tout simplement qu'elle ne me dénoncerait pas à la police. Aussi gentille qu'elle avait été, je n'étais toutefois pas entièrement sûre : au lieu de m'être utile, cette rencontre pourrait tout aussi bien marquer ma dernière heure.

MME SPORNA
SEPTEMBRE 1942

Je connaissais parfaitement la route jusqu'au magasin polonais. Il était encore tôt, et peu de personnes se trouvaient dans les rues à cette heure-ci. J'avais très peur que quelqu'un ne me remarque. Je n'avais pas de chaussures, mes vêtements étaient en lambeaux. Quelqu'un se rendrait bien compte que je ne vivais pas du côté polonais. Et, bien entendu, j'avais l'air très juive : mes cheveux étaient bruns et mes yeux étaient noirs. Mes traits étaient clairement sémites. Cela faisait quelque temps que nous cotôyions les Polonais qui, aujourd'hui, étaient plus qu'à même de reconnaître tous ces petits détails.

Je savais que je devais faire quelque chose pour dissiper tout soupçon et cacher ma nervosité croissante. Presque sans réfléchir, je commençai à sautiller, comme si je me rendais au parc pour jouer avec mes amis. J'essayais de siffler, pensant que cela donnerait également l'impression que j'étais une petite Polonaise heureuse et normale, profitant de cette nouvelle journée. Mais aucun son ne sortait de mes lèvres. Ma bouche était sèche, et mes lèvres gercées par la nuit passée dehors. De l'extérieur, ce devait être un drôle de spectacle… et cette simple pensée faisait battre mon cœur à toute allure. J'étais sûre que ma ruse allait échouer.

Soudain, mes craintes se confirmèrent : j'entendis des bruits de pas derrière moi. Un Polonais était en train de me suivre. Je tournai légèrement ma tête sur le côté pour essayer de l'apercevoir dans mon champ de vision périphérique, tout en faisant attention à ne pas me retourner complètement. La panique m'avait totalement submergée, mais je réussissais, tant bien que mal, à le dissimuler. Je n'osai pas regarder en arrière trop longtemps et décidai de garder les yeux rivés sur la route en face de moi, tout en continuant de sautiller vers la maison de la Polonaise.

Mais tout cela était inutile. L'homme m'avait reconnue. Il m'interpella doucement : "Żydóweczko !", ce qui signifiait en polonais : "Petite fille juive !" En entendant ce mot, tout mon corps fut comme traversé par une décharge électrique. Je m'attendais à ce que, d'un instant à l'autre, il m'attrape par les cheveux pour m'emmener jusqu'à la police. Je les avais déjà vus faire cela à d'autres petites filles et femmes juives. Et maintenant, c'était mon tour.

Il répéta : "Petite fille juive !" Cette fois, plus calmement. Il continua comme dans un murmure : "Tu ferais mieux de courir, parce qu'ils vont t'attraper !" Je le regardai à nouveau, mais cette fois, droit dans les yeux. Il leva la main et me fit signe de déguerpir.

Il savait exactement qui j'étais ou, plus exactement, ce que j'étais. Tout d'un coup, je me sentis grandement soulagée. Cet homme n'allait ni me dénoncer ni me livrer aux autorités. Il me mettait sincèrement en garde et me demandait de trouver rapidement un endroit où me cacher. J'arrêtai de sautiller et me mis à courir. Je n'étais plus qu'à quelques mètres du magasin. Je me précipitai vers la porte et frappai plusieurs fois. Si les coups avaient correspondu aux battements de mon cœur, ils auraient très certainement pu faire tomber la porte.

Quelques minutes plus tard, notre amie de la famille se tenait dans l'embrasure de la porte. Son visage pâlit, tandis qu'elle frappa sa main contre sa poitrine, bouche bée. Elle n'en revenait pas de me voir ici devant elle. Elle se ressaisit rapidement, m'attrapa par le bras et me fit entrer chez elle. Tout aussi rapidement, elle claqua la porte et la vérouilla précautionneusement.

"Ma chère Halina ! D'où viens-tu ?" s'exclama-t-elle. "Où sont tes chaussures ? Tu es si sale et tu as l'air éreintée !"

"Madame Sporna. Je suis si fatiguée. Et j'ai si soif. Pourriez-vous me donner un verre d'eau?" la suppliai-je.

Elle m'emmena dans la cuisine, me fit asseoir et me servit un verre d'eau. Je l'avalai d'une traite. Ensuite, elle mit une bouilloire d'eau sur la cuisinière pour me préparer une boisson chaude. Je me mis à lui raconter toute l'histoire, puis lui demandai si elle pouvait m'aider. Elle commença à préparer de la nourriture.

Je pouvais voir la peur grandir dans son regard, au fur et à mesure qu'elle réalisait ce que cet acte de gentillesse pourrait lui coûter. Mais elle ne dit rien. Elle posa une assiette en face de moi, et j'en engloutis le contenu. Quelques minutes après, elle me dit : "Allez, vas te laver puis tu pourras te reposer un peu. Je vais réfléchir à ce que nous allons faire après."

Je la remerciai chaleureusement, avant de me diriger vers la salle de bain.

"TU NE PEUX PAS RESTER"
SEPTEMBRE 1942

Quelqu'un m'appelle. Suis-je encore en train de rêver ? J'ouvris doucement les yeux et me rendis compte que j'étais allongée dans un lit chez Mme Sporna. L'esprit encore un peu brumeux à cause du sommeil, j'essayais de me souvenir pourquoi j'étais ici. Et c'est alors que la peur et l'horreur de ces derniers jours me revinrent en mémoire. Je priais pour que tout cela n'ait été qu'un mauvais rêve, espérant retrouver ma vie d'avant avec ma mère, mon père et notre chez-nous.

"Halina," murmura Mme Sporna. "Réveille-toi, chérie. Il faut que je te parle."

Je pouvais voir que la lumière du soleil avait diminué et que la pièce s'était assombrie. Les derniers rayons de lumière clignotaient à travers les rideaux de la fenêtre. J'étais complètement éveillée à présent, et mon cœur se serra lorsque je réalisai qu'il ne s'agissait pas d'un rêve : j'avais bel et bien couru pour sauver ma vie et trouvé le chemin de la maison de notre chère amie. Elle avait été si gentille de m'accueillir, de me nourrir et de me permettre de me laver et de me reposer. J'avais dormi pendant un certain temps, mais ce n'était pas un sommeil réparateur. Je n'avais pas arrêté de me tourner et de me retourner, et n'avais peut-être fait que somnoler tout ce temps. Je me souvenais des bruits de la rue et du magasin dans la pièce voisine, tandis que ses clients allaient et venaient.

"Halina," continua-t-elle, "Cela me fait peur de te garder ici. Je n'ai pas seulement peur pour moi. J'ai peur pour toi aussi. Je suis certaine qu'ils finiront par te retrouver ici et que nous en mourrons toutes les deux."

Je l'écoutais silencieusement. Ses mots étaient douloureusement logiques, je savais qu'elle avait raison. La peur commença à s'emparer de moi. Je m'assis et levai les yeux vers elle. "Vous avez raison, je le sais" avais-je reconnu. "Mais où puis-je aller ? Il va falloir que je me cache. Ils sont probablement à mes trousses depuis le jour où je me suis enfuie du policier et de mon père."

"Tu peux peut-être retrouver ton père ?" dit-elle. "Il est peut-être retourné dans votre appartement ?"

"Peut-être," répondis-je, "mais je ne pense pas. Je suis restée dehors toute la nuit, en face de chez moi, et personne n'est entré. Ni mon père, ni ma mère. J'ai si peur que quelqu'un les ai embarqués, ou pire, les ai... Et j'ai trop peur de retourner à l'appartement, et qu'un policier ne m'y attende. Et même dans le cas inverse, ils reviendraient certainement pour inspecter le logement à nouveau."

"Je comprends," dit Mme Sporna, "mais tu dois partir, ils finiront par te retrouver si tu restes ici."

Elle se retourna et se rendit dans son magasin où elle se mit à rassembler de la nourriture et d'autres choses pour que je les emporte avec moi. Elle plaça le tout dans un sac qu'elle me remit. Dans le sac se trouvaient une miche de pain et des œufs durs. Elle prit ensuite une bouteille, la remplit de thé, avant de fermer le bouchon. Puis elle retourna dans le magasin pendant quelques minutes et revint avec des chaussures en bois qui étaient proches de ma taille. Elle me fit signe de les essayer. Elles n'étaient pas exactement à ma taille, mais je pouvais marcher avec sans trop de problème. Ce serait toujours mieux que de marcher pieds nus.

Je ramassai le sac de nourriture et la remerciai à nouveau pour son aide et pour tout ce qu'elle avait fait pour moi. Ce soir-là, nous avions continué de parler jusqu'à ce qu'il fasse complètement nuit, avant que je ne m'en aille. Engloutie par l'obscurité, je trouvais étrangement réconfortant l'aveuglement temporaire qui s'ensuivit. Je savais que cela m'empêcherait aussi d'être vue. Et quel était l'intérêt de voir quand on ne sait pas dans quelle direction se tourner de toute façon ? Pourquoi souhaiter voir le chemin devant soi quand on ne sait pas quel est le chemin à suivre ?

Dans mon incertitude, je continuais d'avancer dans la direction que j'avais aléatoirement choisie. À présent, je sentais qu'un sentiment de panique m'envahissait à nouveau. Devrais-je me mettre à courir, ou bien me recroqueviller dans les buissons et attendre ? Pourquoi avais-je fui mon père ce soir-là ? Il aurait été préférable que les policiers m'emmènent avec lui. Cela nous aurait permis d'être ensemble maintenant, où qu'il soit et quoi qu'il lui soit arrivé. Au moins, je n'aurais pas été seule. J'imaginais plusieurs autres scénarios terribles de ce qui aurait pu m'arriver. La panique montait en moi.

Sur ce, je m'arrêtai brusquement. Je rassemblai mes pensées, m'obligeant à chasser la peur de mon esprit. Je devais pouvoir penser clairement. Je n'étais pas très loin du magasin. De nouveau concentrée, je tendis l'oreille, à l'affût du moindre bruit. Puis je me remis en route, plus lentement cette fois, ne voulant pas que les sabots de bois fassent trop de bruit.

Soudain, l'endroit le plus célèbre de tout Częstochowa me revint en mémoire : le monastère de Jasna Góra. C'était là qu'était conservée la fameuse peinture de la Madone Noire. Il y avait un cloître dans ce monastère et je pensais que cela constituerait peut-être une bonne cachette, surtout la nuit. Ce n'était pas trop loin d'ici non plus. Je m'élançai dans sa direction, essayant à tout prix de ne pas me mettre à courir à cause de mes sabots bruyants. Cette nuit-là, je suis sûre d'avoir marché beaucoup trop vite, puisque j'étais tellement pressée d'arriver avant de croiser qui que ce soit d'autre dans la rue.

Il ne me fallut que quelques minutes pour arriver à l'église. Cela m'avait semblé beaucoup plus long, dans la mesure où je m'étais attendue à être vue et capturée à chaque coin de rue. Une fois devant l'église, je m'arrêtai pour inspecter soigneusement les alentours. Tout était calme et rien ne bougeait. Je me faufilai à l'intérieur et trouvai un endroit où me cacher.

Je commençais à me détendre, sachant que j'étais seule ici. Je trouvai un endroit pour m'allonger et essayer de dormir. Puis je me souvins de quelque chose qui commença à me rendre nerveuse une fois de plus. Nous étions samedi. Le lendemain matin, il y aurait des gens qui viendraient à la messe. J'essayai de me calmer et de dormir, mais le fait de ne pas savoir quelle serait ma prochaine destination me tenait bien éveillée. Où irais-je ? Je n'avais pas de plan. Il n'y avait aucun moyen de faire un plan. La seule chose qui était sûre, c'est que je devais m'enfuir avant le début des services religieux. J'ai peut-être somnolé quelques fois ce soir-là, mais je n'ai pas dormi.

EN CAVALE, TOUTE SEULE
SEPTEMBRE 1942

L'église était restée vide et silencieuse toute la nuit, mis à part quelques craquements habituels pour une si vieille bâtisse. Le moindre petit bruit me faisait sursauter et me mettait sur les nerfs. Au moment où j'émergeai de mon demi-sommeil, il faisait toujours nuit. Quelle heure était-il ? Je l'ignorais, mais ce que je savais, c'était que j'étais restée là plusieurs heures et que l'aube ne tarderait pas à se lever. Je décidai qu'il était temps pour moi de m'en aller avant que quelqu'un n'entre dans l'église en ce dimanche matin.

Je me frayai doucement un chemin à travers le cimetière jusque dans la rue et commençai à marcher le long de la route pour quitter la ville. J'avais décidé qu'il valait mieux s'éloigner de Częstochowa, car le risque d'y être arrêtée était plus grand. Peut-être trouverai-je un petit village à proximité où je pourrais me cacher. Voilà à quoi ressemblait mon plan : continuer à marcher et à chercher des endroits où se cacher. J'étais à la merci du destin et de la chance. J'essayais de ne plus penser à mon sort et d'aller de l'avant.

Après quelques kilomètres de marche, je tombai par hasard sur un village. La lumière du jour commençait à se propager dans le ciel.

C'était un dimanche matin, et les habitants du village profitaient du calme ambiant pour se reposer. Je m'approchai très précautionneusement, gardant mes oreilles et mes yeux grands ouverts, à l'affût du moindre signe de vie. En arrivant aux confins de la ville, je fus soulagée de voir qu'il n'y avait personne dehors. Enhardie par ce constat, j'entrai dans le village, regardant attentivement tout autour de moi.

À cette époque, les villages polonais ressemblaient beaucoup à ce que l'on pouvait voir dans les livres de contes des temps anciens. Cela faisait des centaines d'années qu'ils n'avaient pratiquement pas changé, et ce dernier avait vraisemblablement été épargné, lui aussi, par les avancées technologiques du XXe siècle. Au bout de cette petite route, il y avait peut-être 15 à 20 petites maisons, toutes dotées de toits de chaume et de minuscules jardins. L'une de ces maisons attira soudainement mon attention. Elle avait été brûlée et était manifestement abandonnée. Peut-être que ça pourrait être une bonne cachette. Je courus vers elle afin d'y jeter un coup d'œil.

À l'intérieur, les murs de la maison avaient été consumés par le feu, mais la charpente avait maintenu le toit bien en place. Le plafond était également intact, et à l'une des extrémités se trouvait une cheminée en briques qui trônait aussi solidement que si elle avait été construite la veille. Il y avait un grenier au-dessus du plafond, l'endroit parfait pour se cacher. De l'extérieur, personne ne pouvait voir ce qu'il s'y passait et, avec un peu de chance, personne ne viendrait dans la maison puisqu'elle était déserte. Mais comment monter tout là-haut sans escalier ni échelle ? La seule façon d'atteindre le grenier était de grimper par la cheminée. J'étais une petite fille et je n'étais pas très douée pour grimper. D'autant plus qu'il fallait que je tienne ce sac de nourriture dont j'avais désespérément besoin.

Je pris mon courage à deux mains et m'avançai vers la cheminée pour voir si je pouvais l'escalader. Une fois arrivée à mi-chemin, je vis un fer à cheval encastré dans la brique. Je remarquai que la courbe du fer à cheval dépassait juste assez pour qu'on puisse y attacher quelque chose. C'est alors qu'une idée me vint soudainement. Ma robe avait une ceinture. Je m'empressai de l'enlever et d'y attacher le sac de nourriture. Ensuite, j'attachai l'autre extrémité de la ceinture au fer à cheval. Puis, avec une force et une agilité dont j'ignorais l'existence, je gravis la paroi de la cheminée jusqu'au grenier. Une fois là-haut, je saisis la ceinture et tirai le sac de nourriture pour le monter jusqu'au grenier. Ce coup du sort inespéré et ma capacité à en tirer parti m'avaient surprise. J'étais si heureuse d'avoir réussi et d'être à présent hors de la vue de tous.

Je fis un petit tour pour voir ce que contenait ce grenier. Il n'y avait rien que de la paille. Encore un coup de chance, car je pouvais utiliser la paille pour me fabriquer un endroit confortable pour dormir. Cette paille m'apporterait aussi un peu de chaleur pendant la nuit. Je poussai un énorme soupir de soulagement et commençai enfin à me détendre. Cela faisait longtemps que je n'avais pas mangé à cause de la peur et de l'anxiété. En fait, je ne pensais même pas à manger et n'avais même pas ressenti la faim. Maintenant que j'étais en sécurité, je fus prise de vertiges à cause du manque de nourriture. J'ouvris donc le sac et en sortis le pain et un œuf dur. Je voulais tout manger d'une traite, mais je savais qu'il fallait que je me discipline pour garder cette nourriture le plus longtemps possible. Je me coupai un petit morceau de pain dont je ne pris qu'une toute petite bouchée puis j'épluchai l'œuf, que je mangeai en entier, avant de boire quelques gorgées de thé. J'avais aussi très soif, mais je résistai à la tentation d'en boire plus. Je remis le bouchon sur la bouteille et refermai le sac. Puis je m'allongeai et fermai les yeux, pensant que le sommeil m'aiderait peut-être à oublier ma faim. Je sombrai très vite dans un sommeil de plomb. Je ne m'étais jamais sentie aussi en sécurité depuis que j'avais quitté mon père. Cette nuit-là, j'avais dormi profondément et n'avais pas rêvé.

CACHÉE DANS LE GRENIER
SEPTEMBRE 1942

Je me réveillai au chant du coq de la rue d'en face. Cela me fit tout d'abord sursauter, envoyant une décharge de peur dans tout mon corps. Où étais-je ? Étais-je en sécurité ? M'étais-je endormie d'épuisement quelque part à l'air libre ? Une fois la brume du réveil dissipée, je me souvins de la chance que j'avais eue ce matin-là de trouver cette maison incendiée et son grenier encore intact. Avec un soupir de soulagement, mes pensées se tournèrent ensuite vers la faim intense que j'éprouvais. Mon estomac grondait et bouillonnait. Mes lèvres et ma langue accrochaient à cause de la sécheresse. Je lorgnais la bouteille de thé que Mme Sporna m'avait donnée. En la portant à ma bouche, je manquai de la retourner et de tout boire d'une traite, mais finis par trouver la force de résister et de la lever juste assez pour que le thé touche mes lèvres et les humidifie. J'enfonçai ma langue dans l'embouchure de la bouteille, avant de me lécher les lèvres. Je ne savais pas combien de temps je pouvais rester ici, je devais conserver ma nourriture et le thé. Je soulevai à nouveau la bouteille et pris une petite gorgée, sans l'avaler immédiatement. Au lieu de cela, je la fis tourner dans ma bouche pour mouiller mes gencives et l'arrière de ma gorge. Puis je la laissai couler dans ma gorge.

En tendant le bras pour attraper ma nourriture, je remarquai que les planches des murs du grenier n'étaient pas bien fixées. La lumière du matin passait à travers les fentes étroites et formait un motif géométrique sur le sol. Les particules de poussière dansaient dans les rayons du soleil. Je voulais manger quelques bouchées de plus, mais j'entendais des bruits provenant de la maison d'en face. Pour satisfaire ma curiosité, je décidai de m'approcher du mur pour regarder ce qu'il se passait dans la cour à travers les fissures. J'aperçus une famille qui commençait son travail dans le jardin et tout autour de la maison. Plusieurs enfants s'acquittaient consciencieusement de leurs tâches dans un silence méthodique et efficace. Les enfants nourrissaient les poules et donnaient de l'eau à la vache et aux chèvres. Je les observai avec grand intérêt alors qu'ils s'affairaient dans la maison.

Il y avait quelque chose de satisfaisant dans le fait de voir des gens vivre normalement, sans craindre pour leurs vies. Cette scène me divertissait tout en m'apportant un peu de détente, loin de la terreur que j'avais vécue ces derniers jours. Rapidement, leur mère sortit de la maison et leur demanda de bien vouloir rentrer. Je détournai mon regard vers le village, situé un peu plus loin. Je pouvais voir les gens se mouvoir, sans pour autant parvenir sous cet angle à distinguer ce qu'ils faisaient. C'était dimanche, ils devaient donc se promener paisiblement.

Je retournai vers le sac de nourriture et sortis un peu de pain que je mangeais par petits bouts. Gagnée par un sentiment de profonde relaxation, je m'installai dans une position confortable jusqu'à la fin de la journée. Je faisais de mon mieux pour bouger le moins possible et rester silencieuse, afin de n'éveiller les soupçons de personne. Ma curiosité me poussait néanmoins à observer les gens du village à travers les planches. Le reste de la journée, je repensais à beaucoup de choses - ma maison à Częstochowa, mes camarades de classe, les vacances magiques que je venais de passer avec ma mère.

Me souvenir de ma mère m'emplit de peine et de craintes. Que lui était-il arrivé ? Était-elle sortie de la maison avant que celle-ci ne soit saccagée ? Je priais pour qu'elle soit toujours en vie et en bonne santé. Qu'était-il arrivé à mon père ? Le policier l'avait-il gracieusement épargné ? Toutes ces questions me jetaient dans le doute et l'incertitude. Je me donnai l'ordre de ne penser qu'au positif et de refuser de croire au négatif. Ils étaient peut-être toujours en vie tous les deux, et nous serions bientôt à nouveau ensemble. C'était une possibilité, en laquelle je choisissais de croire pour le moment. La journée passait très lentement, mais le vagabondage de mes pensées contribuait à accélérer le cours du temps. Après le coucher du soleil, la nuit tomba rapidement. J'arrangeai la paille de mille façons différentes pour essayer d'en faire un lit confortable. Une fois satisfaite, je m'allongeai et m'endormis sans peine.

Le lendemain matin, je fus à nouveau réveillée en sursaut par des bruits provenant de l'autre côté de la rue. Cette fois, cependant, c'était beaucoup plus effrayant. Il y avait beaucoup de gens qui parlaient et je pouvais entendre du métal s'entrechoquer. Quelle était la raison de cette agitation ? Les Allemands étaient-ils à la recherche de juifs ici ? Je m'approchai du mur aussi discrètement que possible et regardai par l'une des fentes. Je fus soulagée de voir que ce n'étaient que des paysans polonais de la ville. Ils étaient venus déterrer des pommes de terre dans le champ à côté de la maison. Leurs pelles, râteaux et houes s'entrechoquaient tandis qu'ils les portaient jusque sur leur lieu de travail.

J'avais étonnamment bien dormi toute la nuit. Je ne me rappelais pas m'être réveillée. Était-ce dû au confort de la paille ou simplement à l'épuisement complet engendré par les événements des derniers jours ? Un peu des deux, je suppose. Je me sentais plus reposée que je ne l'avais été depuis de nombreux jours. Je regardais pendant quelques heures les ouvriers déterrer leurs pommes de terre et les empiler dans des paniers. Les enfants travaillaient aux côtés des adultes et semblaient être tout aussi efficaces.

Alors que le soleil culminait dans le ciel de midi, les travailleurs s'arrêtèrent pour se reposer et manger un peu. Deux hommes se dirigèrent vers la maison dans laquelle je me cachais, souhaitant se mettre à l'abri de la chaleur du soleil. Ils s'arrêtèrent en dessous du grenier pour discuter, sans que je ne puisse distinguer clairement ce qu'ils se disaient. Soudain, j'entendis l'un d'eux s'exclamer : "Je me demande ce qu'il y a là-haut dans le grenier." L'autre homme semblait tout aussi curieux et répondit : "Montons voir."

Mon cœur fit un bond dans ma poitrine. Rapidement, je m'éloignai de l'ouverture près de la cheminée pour me réfugier dans un coin sombre. Je me recroquevillai pour me faire aussi petite que possible, espérant que la faible lumière les empêcherait de me voir. Ils étaient bien plus doués pour grimper la cheminée que je ne l'avais été, et en une fraction de seconde, ils étaient en face de moi de l'autre côté du grenier. Tout d'abord immobiles et silencieux, ils restèrent là un instant sans essayer de s'approcher de moi. Je priai pour qu'il se disent qu'ils n'y avaient rien qui ait une quelconque valeur ici, et qu'ils redescendent. En fait, ils ne faisaient qu'attendre que leurs yeux s'habituent à l'obscurité. Suite à cela, il ne leur fallut que quelques secondes pour m'identifier.

"Qui es-tu ?" demanda l'un d'eux. "Que fais-tu ici ?" continua-t-il.

Je commençai à trembler de peur et réfléchis rapidement à la réponse que j'allais leur fournir. Cela faisait un moment que je n'avais plus parlé à voix haute. De ce fait, à cause de ma gorge sèche, j'avais du mal à faire sortir des mots de ma bouche. Tant bien que mal, ma voix commença à fonctionner à nouveau. Je décidai de faire de mon mieux pour les persuader que j'étais Polonaise. "Je suis une Polonaise de Częstochowa. Il est arrivé malheur à mes parents. Je ne sais pas où ils sont. Je les ai cherchés partout, mais quand la nuit a commencé à tomber hier soir, j'ai décidé de me réfugier ici." Je ne me souviens pas de ce que j'ai bredouillé ensuite, peut-être quelques détails supplémentaires mal formulés et illogiques.

Ils me regardaient incrédules. Vraisemblablement, ils ne me croyaient pas. "Tu mens !" cria l'un d'eux. "Tu es juive et tu t'es enfuie pour te cacher."

Ses mots engendrèrent une onde de choc terrifiante qui parcourut mon corps. Plus particulièrement, c'était le ton de sa voix qui m'effrayait. Il n'était pas amical. Il me dévisagea pendant quelques secondes.

Je restai silencieuse et ne répondis pas. Je savais qu'il était inutile de protester. En réalisant la faiblesse de mon alibi, mon corps commença à trembler.

Puis quelque chose d'inattendu se produit. L'autre homme fit un pas en avant et se pencha vers moi. "Ne t'inquiète pas, petite fille. Tout va bien. Nous ne te ferons pas de mal," dit-il calmement. "Je suppose que tu as fui l'aktion qui a eu lieu à Częstochowa ?"

Toute penaude, je hochai la tête.

"Nous y étions quand elle a éclaté," continua-t-il. "C'était effroyable. De nombreuses personnes ont été tuées, tandis que d'autres ont été rassemblées et mises dans des trains. Certaines ont été capturées et sont actuellement retenues prisonnières dans le théâtre. On nous a dit qu'il y avait quelques centaines de personnes. Ils les gardent pour les travaux forcés." Il m'indiqua l'endroit où cela s'était produit. Je connaissais ce lieu. En me remémorant aujourd'hui cet échange, je me rends compte qu'il n'avait aucun intérêt à me dire cela, mais ces informations me furent utiles pour les jours qui suivirent.

"En tout cas, tu peux rester cachée ici un moment. Nous ne dirons à personne que tu es là," conclut-il.

L'autre ajouta : "Nous t'apporterons également un peu de nourriture. Nous ferons de notre mieux pour t'aider."

Étais-je en train de rêver ? Ce coup de chance était-il vrai ? J'étais à deux doigts de me pincer pour voir si j'étais bien réveillée. Mais je savais que je ne dormais pas. J'étais submergée par l'ascenseur émotionnel que je venais de subir en quelques minutes. Je ne pouvais pas répondre, tant le sentiment de soulagement paralysait ma bouche et ma langue. Puis je finis par réussir à lâcher un petit "merci". La peur et l'anxiété quittèrent alors mon esprit, ce qui permit à mon corps de se détendre. Je pris une grande inspiration et la relâchai rapidement Puis mon corps se mit à trembler de soulagement. En quelques minutes, cette vague d'émotions contradictoires m'avait épuisée. Je commençai à avoir des vertiges et dus m'appuyer contre le mur pour me stabiliser.

Les hommes redescendirent par la cheminée. Je les observai à travers les planches tandis qu'ils reprenaient le chemin de la maison où je me trouvais. J'étais toujours aussi incrédule. Et soudain, je fus à nouveau assaillie de doutes et de craintes. Étaient-ils honnêtes avec moi ? Peut-être avaient-ils dit cela uniquement pour me garder ici, en attendant d'alerter les autorités pour qu'elles viennent me chercher. Ce scénario n'était pas rare. Bien souvent, les Polonais locaux promettaient d'aider les juifs, pour ensuite les livrer contre une récompense. Il arrivait également que leur peur d'être pris devienne trop grande. Je n'arrivais pas à accepter trop vite que la chance puisse me sourire. Le terrible combat que je menais pour survivre contre ces assassins maléfiques m'apprenait à être très méfiante. Devrais-je m'enfuir pendant leur absence ? Je savais que c'était futile, alors pour l'instant, je décidai d'attendre pour voir quelle sorte d'hommes ils étaient.

Il ne me fallut pas attendre trop longtemps pour le découvrir. Peu de temps après, l'un des deux hommes revint avec quelques pommes de terre bouillies. Je le remerciai chaleureusement. Il acquiesça gracieusement, ajoutant qu'il reviendrait à la fin de la journée pour voir comment j'allais. Les pommes de terre, tout juste sorties de l'eau, fumaient encore. Je les avalai si vite que j'en eus la langue et le palais brûlés. Certains bouts de pommes de terre, partiellement mâchés, me faisaient mal en descendant dans ma gorge. Pourtant, je ne me souviens pas avoir mangé de repas aussi délicieux.

Ces hommes avaient tenu leur parole, et même plus. Ce soir-là, après avoir couché ses enfants et attendu qu'ils s'endorment, l'homme de la maison d'en face revint. Il avait apporté une échelle avec lui, qu'il utilisa pour monter me voir. Il me dit de descendre avec lui. Il m'emmena dans sa maison et me présenta à sa femme. Les vêtements que je portais, tant ils étaient sales et délabrés, l'avaient probablement émue : elle me regarda avec beaucoup de pitié et me conduisit dans sa salle de bain. "Lave-toi du mieux que tu peux, ma chérie. Prends ton temps, mais essaie d'être silencieuse pour ne pas réveiller les enfants. Nous ne voulons pas qu'ils sachent que tu es ici car ils pourraient le répéter à des personnes mal intentionnées." Elle ferma la porte et je pus me laver.

Une fois propre, ils me donnèrent de quoi manger et quelque chose de chaud à boire. C'était si revigorant d'être à nouveau propre et de ne plus avoir faim. Une fois mon repas terminé, ils me firent sortir rapidement, craignant que trop de temps passé ici ne devienne risqué. L'homme me raccompagna, muni de son échelle. Nous traversâmes la route en silence, très précautionneusement. Je grimpai jusqu'au grenier et je le remerciai à voix basse. Cette nuit-là, mon sommeil avait été encore plus paisible et réparateur que ne l'avait été celui de la nuit précédente.

MOURIR SEULE OU AVEC LES MIENS ?
SEPTEMBRE 1942

Toute la nuit, j'avais dormi par intermittence, à tel point que mon esprit peinait à dissocier les rêves de la réalité. Je voyais à présent les premiers rayons de lumière, ce qui me fit comprendre instantanément où je me trouvais. Le grenier de cette maison incendiée était rudimentaire, mais il m'offrait une certaine sécurité tout en mettant à distance cette peur que j'avais subie au cours de la semaine précédente. Ce matin, cela faisait une semaine que je vivais ici. Ces paysans avaient été si gentils avec moi en m'apportant trois repas par jour. Ces derniers étaient un peu maigres, mais bien meilleurs que ce que j'avais pu manger jusque là.

Je les entendais monter à présent, mais cette-fois, les bruits qu'ils faisaient étaient différents. Il y avait comme un sentiment d'urgence dans leur voix et je ressentais une précipitation inhabituelle dans leurs mouvements. Le visage épouvanté de mon protecteur m'apparut à l'ouverture du grenier.

"Les Allemands arrivent, ils sont à la recherche de fugitifs juifs" dit-il d'une voix tremblante. "Je crains qu'ils ne te trouvent ici. Et, s'ils parviennent à te mettre la main dessus, je suis sûr qu'ils te tueront.

J'ai également peur pour ma famille. Je regrette de devoir te dire ça, mais tu dois partir."

J'ignorais quoi répondre, mais je savais qu'il avait raison. Ces gens avaient été si gentils avec moi, je ne pouvais pas leur demander de risquer leurs vies pour moi. Où irai-je à présent ? Toutes mes options disparaissaient une à une sous mes yeux. Je n'avais ni le courage ni l'énergie de continuer à m'enfuir.

Je me souvenais de ce qu'il m'avait dit au sujet de ces juifs qui avaient été capturés à Częstochowa pour servir de main-d'œuvre. Eux, n'avaient pas été envoyés vers les camps de la mort. Peut-être pourrais-je les rejoindre ? Une fois de plus, j'en étais arrivée à préférer mourir avec mon peuple plutôt que d'endurer le traumatisme d'être constamment en fuite. C'est le choix que je ferai. Mais, pourrais-je retourner en ville sans me faire arrêter ? Ils étaient déjà à mes trousses, pensai-je. Si je me faisais prendre, ce serait la fin. D'un autre côté, si je pouvais rentrer sans être repérée, je pourrais peut-être me glisser dans le théâtre où les juifs étaient détenus et me fondre dans la masse comme si j'avais toujours été là.

Dans mon esprit, la décision n'était pas difficile à prendre. Je ne supportais plus l'angoisse de devoir me cacher à tout prix. S'ils m'attrapaient, tant pis. Mieux vaut une mort rapide que d'attendre sans savoir quand elle arrivera. Je pris mes quelques affaires avec moi et remerciai l'homme pour sa gentillesse. Je pouvais voir le soulagement dans ses yeux face à ma décision de partir. Il ne voulait pas assister à ma mort, avait-il dit. Si ses mots semblaient montrer qu'il se souciait de moi, son inflexion me fit comprendre qu'il s'inquiétait davantage pour sa famille et pour lui-même. Il avait terriblement peur d'être tué pour m'avoir aidé, ce que je comprenais parfaitement.

Tandis que je descendais vers la ville, le soleil matinal devenait de plus en plus fort. Les gens débutaient leur journée, et chaque fois que je croisais quelqu'un, ma peur grandissait. Mais, jusqu'à présent, je n'avais pas vu de soldats allemands. Je me déplaçais aussi vite que possible pour ne pas trop attirer l'attention sur moi. Je connaissais la route vers ce théâtre par cœur. J'avais choisi d'emprunter le chemin que je pensais être le moins fréquenté.

Au bout d'un certain temps, je finis par arriver à destination. À l'extérieur se trouvait un réservoir d'eau auquel les juifs pouvaient s'abreuver. Je me glissai au milieu des passants dans la rue et me dirigeai vers le théâtre. En passant près du réservoir d'eau, je m'accroupis et pris place au milieu des travailleurs.

J'étais passée complètement inaperçue et me trouvais à présent au milieu de mes camarades juifs. Je regardai autour de moi. Je reconnus quelques visages, mais jusque-là, personne ne m'avait identifiée. Retrouver mon peuple et mon identité juive me procura un grand sentiment de soulagement. Très vite, quelques juifs s'aperçurent que je n'avais pas le brassard jaune que les juifs étaient forcés de revêtir. Je n'avais pas eu le temps de dire ouf qu'ils s'étaient dépêché de m'en fabriquer un et de l'ajuster autour de mon bras. J'étais maintenant pleinement intégrée et ne risquais plus d'éveiller l'ombre d'un soupçon.

Au fur et à mesure que les jours passaient, nombreux étaient ceux qui m'avaient reconnue et qui exprimaient leur joie de me savoir toujours en vie. L'un d'eux m'introduisit dans son groupe de travail. En l'espace de quelques minutes, après m'avoir apporté un petit bout de pain, nous nous mîmes tous en route pour le centre ville. Nous arrivâmes dans un parc, et reçûmes l'ordre de le nettoyer. Certains ratissaient les feuilles, tandis que d'autres ramassaient les déchets ou creusaient des tranchées dans le sol.

J'étais si heureuse d'être enfin en "sécurité" auprès des miens que mon niveau d'énergie était monté en flèche. Munie d'un râteau, je travaillais comme jamais ne l'avais fait auparavant. J'ignore d'où provenait toute cette énergie. J'avais comme l'impression d'être droguée. Je travaillais si vite et avec un tel acharnement que d'autres travailleurs vinrent me voir pour me calmer. Ils me demandèrent d'y aller plus doucement et de ne pas m'épuiser. Tout ce à quoi je pouvais penser était cette libération émotionnelle que je ressentais de ne plus avoir à me cacher. Je ne pus ralentir, et continuai donc à travailler tout aussi rapidement.

Désormais, je n'aurai plus à me demander quelle serait ma prochaine destination ou la prochaine épreuve qui se présenterait sur ma route. Je n'aurai plus à m'inquiéter de l'aide que je pourrais recevoir, ni d'être découverte ou dénoncée par des personnes mal-intentionnées. Je n'aurai plus à me soucier de trouver de la nourriture. Plus besoin de dormir dehors non plus. Enfin et surtout, j'étais à nouveau avec des gens. Non pas qu'être seule était la pire des choses - j'aurais supporté la solitude si j'avais été certaine de pouvoir survivre - mais les chances pour que cela advienne tout en restant seule étaient très faibles. Je préférais monter dès à présent dans l'un de ces trains menant vers les chambres à gaz que d'attendre lentement que la mort n'advienne insidieusement et ne me réserve un sort tout aussi cruel.

La journée de travail prit fin et nous retournâmes dans le théâtre. En marchant, je voyais des dizaines de personnes allongées par terre se préparant à dormir. Ces gens dormaient à même le sol. À certains endroits, il y avait de la paille, mais l'endroit où je pus me poser n'en était pas pourvu. Quelques minutes plus tard, un homme s'approcha de moi et me dit : "Tu es arrivée ici aujourd'hui, n'est-ce pas ?" Je répondis d'un hochement de tête. "D'où viens-tu ?" poursuivit-il. Je répondis à sa question et il me demanda mon nom. Ma réponse le fit sursauter. "Attends ici," dit-il avec enthousiasme, avant de partir à l'autre bout du théâtre.

J'attendais son retour, un peu perplexe. Puis, au bout de quelques minutes, il réapparut. Il s'accroupit à côté de moi et, avec un grand sourire, murmura : "Ton père est là !"

VOIR MON PÈRE UNE DERNIÈRE FOIS
OCTOBRE 1942

"Mon père ! Il est ici ?"

"Chut," dit l'homme, un doigt sur ses lèvres.

"Où est-il ? S'il-vous-plaît, conduisez-moi à lui," lui demandai-je plus bas, afin de contenir mon enthousiasme.

"Non, tu ne peux pas aller le voir maintenant," m'avertit-il. "Lui aussi était très heureux de savoir que tu es là et que tu vas bien, mais il a peur que cela fasse du bruit si l'on te voit avec lui. Il a peur que quelqu'un, voyant cela, ne te dénonce aux gardes."

J'étais accablée. Je n'avais pas envie d'attendre une seconde de plus pour aller le voir. Les événements de ces deux dernières années avaient peu à peu anéanti le courage de mon père, tout en intensifiant sa paranoïa. On lui avait tout pris - toutes ses années de travail acharné qui lui avaient permis de construire une entreprise prospère à partir de rien. Je me rappelais que, quand nous vivions dans le ghetto, il avait trop peur pour sortir de chez lui. Et, les rares fois où il le faisait, il revenait toujours tremblant et inquiet, pensant que quelqu'un l'avait suivi et qu'il était prêt à le capturer et à l'emmener.

Quand la guerre commença, ma mère devint le pilier de la famille. Elle s'arrangeait pour trouver de quoi nous nourrir, nous habiller et tout ce dont nous avions besoin. Mon père ne parvenait pas à surmonter ses peurs. Maintenant, cette peur nous empêchait de nous retrouver.

L'homme vit la déception sur mon visage quand il m'annonça la nouvelle. "Si tu vas le voir maintenant, tout le monde le saura. Il a raison. Il vaut mieux attendre demain matin, une fois en route pour le travail. Tu seras dehors et les gens vaqueront à leurs occupations. À ce moment-là, tu pourras aller le voir plus discrètement, sans que trop de gens ne s'en aperçoivent" dit-il, essayant de me rassurer.

Ses mots ne me rassuraient pas, mais je comprenais. Le reste de la nuit avait été très angoissant. La joie de savoir que mon père était vivant, et que je le reverrais bientôt, montait dans ma poitrine et me réjouissait. En même temps, la douleur d'attendre toute la nuit me déchirait le cœur. Je ne dormis pas beaucoup cette nuit-là, me tournant et me retournant sur le sol dur et froid. J'imaginais ce que j'allais lui dire lorsque nous nous rencontrerions enfin, et ce qu'il me répondrait. J'espérais qu'il me dirait que ma mère était là aussi, ou au moins quelque part en sécurité. Tant de choses à lui dire et tant de choses à entendre de sa part.

Au cours de l'année, un grand nombre de mes nuits s'étaient écoulées trop lentement. Celle-ci, en revanche, fut l'une des plus lentes. Quand le matin finit par arriver, et avant même que les premiers rayons de lumière n'entrent dans le théâtre, j'étais déjà bien réveillée. Quelques personnes commençaient à s'agiter et à se préparer à partir au travail. Le soleil franchit la ligne d'horizon et, enfin, il était temps de sortir pour aller travailler. Une fois dans la rue, je me mis désespérément à sa recherche. Je finis par repérer un homme en face de moi qui semblait aussi chercher dans la foule. Nos regards se croisèrent et je fis de mon mieux pour ne pas courir vers lui. Il m'attendait, sans bouger, tandis que mes jambes titubaient dans leur tentative de ralentir mon pas. Je me trouvais à présent devant lui, essayant de toutes mes forces de retenir mes larmes. Pour ne pas trop attirer l'attention, nous fîmes en sorte de ne nous étreindre que très brièvement.

Nous nous racontions à voix basse ce qui s'était passé ces derniers jours depuis notre séparation. Et, ce que j'imaginais qu'il me dirait au sujet de ma mère ne se produisit pas. Au lieu de cela, il me dit qu'elle avait été capturée la nuit où je m'étais enfuie. Si j'avais continué à fouiller dans notre maison saccagée ce soir-là, je n'aurais pas trouvé ma mère morte. Elle avait déjà été emmenée plus tôt dans la journée à la gare et mise dans un train à destination d'un camp. Nous ne savions pas dans quel camp elle avait été envoyée. À Częstochowa, la plupart des personnes sélectionnées pour les camps de la mort étaient envoyées à Treblinka, un camp moins connu qu'Auschwitz, mais tout aussi monstrueux et démoniaque. Maintenant, cela n'avait plus d'importance. Nous ne la reverrions plus jamais.

Nous attendions, inquiets, que l'on nous indique nos tâches pour la journée. Mais, pour une raison que nous ignorions, ce jour-là, il nous fallut attendre bien plus longtemps pour obtenir ces informations. Que se passait-il ? Très rapidement, on nous dit que les Allemands s'apprêtaient à emmener un grand nombre d'entre nous dans les camps de la mort, et qu'ils arriveraient d'une minute à l'autre pour faire leur sélection. Mon père poussa un cri d'effroi en entendant la nouvelle. Ce n'était pas pour lui qu'il avait peur, mais pour moi : j'étais si jeune et si petite. Les enfants, considérés comme étant trop faibles pour faire un travail adéquat, étaient souvent les premiers à être envoyés dans ces camps.

Rapidement, mon père regarda autour de lui à la recherche d'une femme, afin de lui emprunter un peu de maquillage. Il pensait que j'aurais l'air plus âgée avec du rouge à lèvre et un peu d'eye-liner. Par miracle, il trouva quelqu'un qui accepta de nous aider, et je m'exécutai aussitôt. Il me demanda de me faire aussi grande que possible pour paraître plus âgée et en meilleure santé. Je me mis alors sur la pointe des pieds.

Peu de temps après, les Allemands arrivèrent et commencèrent à séparer les hommes des femmes. Mon père et moi fûmes séparés de force. Je me faufilai au milieu du groupe de femmes, essayant de me fondre dans la masse. Je restai sur la pointe des pieds pour paraître aussi grande que possible. Les soldats commencèrent à désigner certains hommes du groupe. Je regardai la scène tandis qu'ils les appelaient, un par un, pour les mettre sur le côté. Puis, à mon plus grand effroi, ils désignèrent mon père. Il quitta son groupe et rejoignit ceux qui avaient été sélectionnés.

À ce moment précis, je faisais de mon mieux pour ne pas me mettre à pleurer ou à hurler, tout en continuant d'étirer mon corps le plus possible. Mon père se retourna et me lança un dernier regard, avant de détourner rapidement les yeux pour ne pas attirer l'attention sur moi. Puis il me tourna le dos, et se mit à marcher avec son groupe en direction de la gare ferroviaire. Il s'éloignait, sans que je puisse voir son visage. Je ne voyais que son chapeau, que je connaissais bien, disparaître au coin de la rue. Ce fut la dernière fois que je vis mon père.

UN PLAN D'ÉVASION DANGEREUX
OCTOBRE 1942

Cette vision de mon père, s'éloignant de moi pour rejoindre la gare, est restée gravée de façon indélébile dans mon esprit. À l'époque, j'avais encore l'espoir de le revoir bientôt. J'ignorais où ils l'emmenaient, tout ce que je savais, c'était qu'il s'agissait probablement d'un camp de la mort comme Treblinka. Et je n'ai jamais su où il avait été emmené. Je suppose que cela n'a pas d'importance, mais je ne peux m'empêcher d'y penser et de me poser des questions. Lorsqu'une personne perd un être cher, les psychologues disent qu'elle a besoin de "tourner la page". Plus l'on connaît de détails sur le sort de ces êtres chers, plus il nous est facile de faire face à la perte. Mais, pour ma part, je ne veux pas savoir, surtout s'il s'agit d'une mort horrible dans l'une de ces usines à tuer.

Une fois de plus, je me retrouvai toute seule. Ce matin-là, ils avaient embarqué quelques centaines de personnes en plus de mon père. Ils redoublaient d'efforts afin de faire de Częstochowa une ville "Judenrein". Quelques jours plus tard, ils nous firent sortir du théâtre pour nous mettre dans un ghetto nouvellement créé. Celui-ci était bien plus petit que le précédent et notre communauté ne comptait plus que quelques milliers de personnes. Une fois arrivés, ils nous ordonnèrent de nettoyer les maisons de l'ancien ghetto, avant de nous demander de rassembler toutes les affaires que les autres juifs avaient laissées derrière eux lors de la dernière aktion vicieuse, celle que j'avais fuie. Nous avions ramassé des casseroles et des poêles, des draps et des oreillers, des lampes, des tables, des chaises, tout ce qui n'était pas cassé ou détruit, avant de les ramener pour que les Allemands et les Polonais puissent les utiliser.

Parfois, les gens essayaient de garder quelques objets pour leur propre usage ou de les utiliser pour le troc. Faire cela était quelque chose de très dangereux. Chaque soir, on nous fouillait pour voir ce que nous avions sur nous. Je me souviens qu'un homme avait été abattu sans ménagement pour avoir essayé de garder un drap. J'étais déterminée à ne pas prendre ce risque, mais assez rapidement, je me retrouvai dans une situation à laquelle je ne pus pas résister, quel que soit le danger. Ces fouilles étaient souvent très approfondies, des fouilles corporelles presque complètes. Mais généralement, il ne s'agissait que de fouilles ponctuelles et tout le monde n'était pas obligé d'y passer.

La chance voulut que je fasse partie d'un groupe désigné pour nettoyer la maison où nous vivions mes parents et moi, juste avant l'aktion. À peine arrivée dans notre ancienne demeure, je n'en crus pas mes yeux : presque tout ce que j'avais vu cette nuit-là était encore éparpillé dans la maison. Bien entendu, je n'avais dit à personne qu'il s'agissait de notre ancien logement. En parcourant les pièces, je fus ravie de trouver par hasard certaines de nos photos. J'en cachai quelques-unes dans mes chaussures, d'autres dans mon chemisier ou encore dans mon pantalon. Puis, en rentrant au ghetto ce soir-là, les fouilles habituelles commencèrent. Je retenais mon souffle, espérant et priant pour ne pas être désignée pour l'une d'entre elles. Mon cœur battait à tout rompre au moment où nos bourreaux appelaient les gens, les uns après les autres, pour les examiner. À mon grand soulagement, je réussis à passer devant eux et à échapper à une punition pour avoir pris les photos. J'étais si heureuse de les avoir avec moi. À ce moment-là, elles avaient plus de valeur que l'or : elles représentaient mon identité, mes souvenirs de ceux que j'aimais le plus et mon seul lien avec la vie merveilleuse que j'avais vécue avant la guerre.

Au bout de quelques jours, je fus affectée dans un nouveau lieu de travail. On m'envoya dans une usine de munitions voisine. Les premiers temps, je travaillais dans la cuisine comme éplucheuse de pommes de terre. Puis, très rapidement, on m'envoya dans la chaîne de fabrication de munitions. Je ne me souviens pas de grand-chose de ce travail, si ce n'est que je faisais fonctionner une sorte de machine qui marquait une certaine identité sur les douilles des balles. Mais, au fur et à mesure que les jours et les semaines passaient, nos conditions de vie empiraient. Je n'arrivais plus à rester propre sur moi : j'étais couverte de poux de la tête aux pieds et craignais de contracter le typhus. Les responsables de l'usine faisaient tout ce qu'ils pouvaient pour nous humilier et nous déshumaniser. Le travail n'était pas difficile, mais il était stressant et douloureux.

De telles conditions de vie me feraient sans doute très vite perdre la tête - je devais donc m'enfuir. Mais je me rappelai combien la cavale avait été difficile, essayant de trouver des cachettes et me demandant si les personnes que je rencontrais en chemin allaient m'aider, me dénoncer ou me tuer sans ambage. Je ne pouvais pas imaginer revivre une telle situation. C'est alors qu'une autre idée me vint.

J'avais entendu des histoires de juifs qui avaient réussi à sortir clandestinement après avoir pu obtenir de fausses pièces d'identité. Avec ces faux papiers, et en comptant sur l'aide de quelques Polonais, il était possible de se fondre dans la société polonaise ou, du moins, de se rendre dans une région plus sûre. Mais cette aide avait un prix, généralement très élevé. Où trouverai-je l'argent ou les objets de valeur pour effectuer une telle transaction ? Je me souvins alors de Mme Sporna, qui tenait l'épicerie, et de la façon dont elle m'avait aidée à m'échapper juste après l'aktion. Ma mère avait donné ses manteaux de fourrure à cette femme pour qu'elle les garde, au moment où les Allemands s'étaient empressés de confisquer aux juifs leurs objets de valeur. Mme Sporna avait accepté de les garder pour ma mère et de les lui rendre quand le contexte deviendrait plus sûr. Je pourrais peut-être utiliser ces fourrures pour acheter mon évasion. Mais, il y avait tellement d'obstacles à surmonter avant que cela ne se produise.

Je savais que mes chances de me faire passer pour une Polonaise sur le long terme étaient très maigres. Toutefois, si je pouvais m'enfuir jusque dans cette autre ville dans laquelle la famille de ma mère vivait, j'aurais peut-être de meilleures chances de survivre à toute cette folie. Będzin était la ville natale de ma mère, située non loin de Częstochowa. Elle avait été annexée par les Allemands au début de la guerre, ce qui signifiait qu'elle ne faisait plus partie de la Pologne. Il y aurait une frontière à franchir, ce qui présenterait un grand danger pour moi, mais j'étais déterminée à y arriver - ou à mourir en essayant. Je ne pouvais tout simplement plus supporter d'être seule, surtout dans ces conditions.

Quand je repense aujourd'hui à ce plan que j'avais élaboré, je suis étonnée de ma propre ingéniosité. Je n'avais que 12 ans. Comment allais-je accomplir chacune de ces étapes complexes, nécessaires au bon déroulement des choses ? Tout d'abord, je devais récupérer les fourrures chez notre amie polonaise, sans toutefois pouvoir m'y rendre : il me fallait obtenir l'aide de quelqu'un. Malgré les conditions de vie très strictes de ce nouveau ghetto, certains juifs étaient parvenus à s'octroyer une petite liberté de mouvement, que ce soit de par leur travail ou grâce à des responsabilités qui leurs avaient été confiées au sein du Judenrat. Comment trouver une telle personne sans risquer de révéler mon plan à quelqu'un de mal-intentionné ?

Et puis un jour, la chance me sourit. À l'heure du repas, on nous servit quelques miches de pain. L'un des hommes à côté de moi me tendit une miche et un couteau, tout en me suggérant de la couper pour la diviser. Confuse, je regardai le pain avant de relever les yeux vers lui. Il finit par comprendre que je ne savais pas comment le couper. Il me le reprit des mains et saisit le couteau. "Regarde. Comme ça." me dit-il, coupant la miche en morceaux réguliers. Cette situation l'avait bien fait rire. Puis il commença à engager la conversation avec moi. Son nom de famille - je m'en souviens - était Jungerman. En peu de temps, il m'en dit suffisamment sur lui pour que je comprenne qu'il avait des connexions et qu'il était peut-être celui qui pourrait m'aider à récupérer les fourrures. Je lui parlai de ma situation et des manteaux, et il accepta de me venir en aide. Il s'arrangerait pour aller les chercher et pour les vendre en échange des faux papiers, ce qui me permettrait de passer la frontière.

Tout cela me semble tellement impossible quand j'y repense. Encore une fois, une fille de 12 ans, organisant un tel complot ? Toutefois, la tâche avait été facilitée par l'appât du gain. Certaines personnes étaient si désespérées qu'elles acceptaient de prendre des risques considérables pour obtenir de l'argent. En effet, le marché noir prospérait en ces temps troublés. Il n'était donc peut-être pas si exceptionnel d'obtenir de l'aide aussi rapidement.

Si obtenir ces faux papiers et me faire escorter jusqu'à la frontière était la tâche la plus importante, d'autres obstacles devaient être surmontés. Comment allais-je pouvoir m'éloigner de mon poste de travail sans me faire remarquer ? Comment me mettre en lien avec les contrebandiers au bon moment ? Tant de choses pouvaient mal tourner dans mon plan audacieux. Malgré toutes ces incertitudes, je restais déterminée et continuais à chercher de l'aide auprès de ceux qui pouvaient m'en fournir.

Entre-temps, je rencontrai par hasard ma cousine qui avait survécu aux déportations vers les camps de la mort et qui travaillait dans un camp voisin. Ce fut une grande surprise et une grande joie de la revoir, mais aussi un coup de chance. Elle me parla d'un bunker dans le ghetto, dans lequel d'autres membres de ma famille s'étaient cachés. Elle me dit qu'ils pourraient m'héberger pendant quelques jours en attendant que l'on m'emmène clandestinement. Ce bunker me servirait de transition jusqu'à ce que je rencontre les passeurs au bon moment.

A peu près au même instant, l'homme qui avait contacté les passeurs me fit part du plan pour me conduire jusqu'à eux. Lui et quelques autres juifs travaillaient dans une maison juste en dehors du ghetto comme tailleurs, fourreurs et cordonniers. Comme cette maison était à l'extérieur du ghetto, les passeurs polonais pourraient y venir pour m'emmener avec eux. C'était le lieu de rencontre idéal. Mais les circonstances devaient être parfaites elles aussi. Pour les rencontrer à point nommé, je devais être prête à partir d'un instant à l'autre. Comment pourrais-je faire cela tout en travaillant à l'usine ?

Tout était enfin arrangé, sauf le jour et l'heure. Je me sentais très nerveuse à l'idée qu'ils viennent me chercher pendant mon temps de travail à l'usine, ou à un moment où je ne pourrais pas sortir du ghetto. Je décidai qu'il était temps de rejoindre ce bunker dont ma cousine m'avait parlé. Un matin, très tôt avant d'aller travailler, je me faufilai dans la maison où se trouvait le bunker. J'étais soulagée de voir qu'il était bien là et les personnes qui s'y cachaient m'accueillirent à l'intérieur. Ma tante, la mère de mon cousin, était là, et nous étions si heureuses de nous revoir.

Je lui racontai mon plan, précisant que je ne resterai que quelques jours ici tout au plus.

J'avais tenu parole car, quelques jours plus tard, j'appris qu'il était temps pour moi de rencontrer ces contrebandiers. Je me levai tôt ce matin-là et rassemblai le seul bien que je tenais à emporter avec moi : les photos que j'avais prises dans ma maison. Je n'avais pas grand-chose à emporter de toute façon. J'en conclus que voyager léger serait plus sûr. Je quittai le bunker et allai à la rencontre des hommes juifs qui travaillaient dans la maison où je devais retrouver mes escortes polonaises. Je me fondis dans leur groupe et nous nous dirigeâmes tous vers la maison.

Une fois arrivés, je découvris que deux autres personnes rejoindraient notre évacuation clandestine. L'une d'elles était un jeune garçon qui allait également retrouver des proches à Będzin. C'était réconfortant de savoir que j'aurai un camarade, mais je craignais aussi que notre présence ensemble n'éveille plus de soupçons. Quoi qu'il en soit, je n'avais pas le choix. J'attendais nerveusement, parmi les tailleurs et autres artisans, l'arrivée des contrebandiers. Ils finirent par arriver et nous emmenèrent tous les trois dans leur maison à proximité. Nous nous installâmes, prêts pour une longue nuit d'angoisse en attendant notre dangereuse évasion du lendemain matin.

Il me fut impossible de fermer l'œil de toute la nuit.

ENTRÉE CLANDESTINE À BEDZIN
MARS 1943

Le matin de notre départ clandestin de Częstochowa arriva enfin. Les passeurs entrèrent dans notre chambre pour nous dire calmement qu'il était temps de partir. Il faisait encore nuit dehors et tout était étrangement calme. La nuit précédente, ils nous avaient donné de faux papiers d'identité avec des pseudonymes polonais. On nous avait demandé de répéter ces noms dans nos têtes encore et encore pour nous habituer à les dire instinctivement au cas où nous serions interrogés. Je m'étais entraînée toute la nuit.

Puis vint le moment de partir. La seule chose que j'avais emportée avec moi, à part les vêtements que je portais, était mes photos de famille, les choses les plus précieuses que je possédais. L'un des contrebandiers remarqua la boîte que je tenais avec les photos à l'intérieur. Il me demanda ce que contenait cette boîte. Je lui expliquai, mais il répondit que cela pourrait s'avérer dangereux de les avoir avec moi si l'on nous arrêtait pour nous interroger. Je le suppliai de me laisser les prendre, et il finit rapidement par céder. Je suis certaine qu'il pouvait lire la déception dans mes yeux en réalisant que je devais peut-être les laisser derrière moi. Mais, de manière plus probable, il ne voulait pas perdre plus de temps à en discuter. Nous devions partir rapidement avant qu'il ne soit trop tard dans la matinée.

Nous quittâmes silencieusement la maison. À l'extérieur, une charrette nous attendait. Nous grimpâmes à l'arrière de la remorque, avant de nous glisser sous un tas de couvertures afin de rester hors de la vue de tous. Le conducteur fit claquer les rênes et notre moyen de transport se mit à avancer. Les claquements des sabots du cheval sur la route jouaient comme une mélodie au rythme régulier, que je trouvais réconfortante. Au bout de quelques minutes, je commençais à avoir sommeil, mais les battements de mon cœur inquiet résonnaient contre mes tempes et m'empêchaient de m'assoupir.

La frontière n'était située qu'à quelques kilomètres de la maison de l'un des passeurs. Nous arrivâmes donc très rapidement au point de passage. Ils avaient choisi un point situé en dehors de la ville, dans la campagne, nous permettant de traverser secrètement. Nous n'avions pas osé traverser à proximité d'un poste de contrôle. Nos complices polonais voyageaient séparément dans une autre charrette pour leur sécurité. Être pris en train d'aider des juifs à s'échapper signifiait la peine de mort.

Le conducteur de la charrette fit signe au cheval de s'arrêter, et ce dernier décèlera avant de s'immobiliser complètement. L'homme descendit du chariot et donna quelques petits coups sur les couvertures pour nous faire savoir qu'il était temps de sortir. En jetant la couverture qui me dissimulait, je pus voir que le jour commençait tout juste à poindre. L'air était calme, tout était tranquille. Au loin, un chien poussa quelques aboiements. Je savais que l'aboiement n'était probablement pas dirigé contre nous, car il semblait si lointain. Néanmoins, le son me fit sursauter. Y aurait-il d'autres chiens susceptibles de révéler notre fuite ?

Le conducteur nous escorta jusque dans des bois voisins où nous pouvions voir un chemin bien usé menant vers une forêt épaisse et sombre. Il nous indiqua le chemin, précisant que la frontière ne se trouvait qu'à quelques centaines de mètres. Un sentier émergerait de la forêt de l'autre côté. À ce moment-là, nous arriverions sur une route et un autre chariot nous attendrait. Après l'avoir remercié, nous nous mîmes en route.

Le jour se levait rapidement, mais l'ombre de la forêt me rassurait, me donnant l'impression qu'elle nous éviterait d'être repérés - du moins, pour l'instant. Quelques minutes plus tard, nous étions sur la route dont il nous avait parlé. Mais aucun chariot ne nous attendait ! Pris par la peur, mon cœur s'emballa. La route était déserte et tout était silencieux. Que faire maintenant ?

Quelques secondes s'écoulèrent avant que les bruits de sabots et le crissement des roues d'une charrette ne nous parviennent. Accroupis dans les fourrés, ignorant s'il s'agissait de notre charrette ou d'une personne prête à nous dénoncer, nous attendions qu'il apparaisse. Nous écoutions attentivement, regardant à travers les branches pour essayer de l'apercevoir. Le bruit devenait de plus en plus fort et il nous semblait que l'engin ralentissait. Le conducteur tira sur les rênes et la charrette s'arrêta juste en face du sentier. Nous pouvions maintenant voir le conducteur à travers les broussailles et les arbres. Il était évident pour nous qu'il attendait quelque chose et qu'il jetait des coups d'œil impatients en direction du chemin dans la forêt.

Avec beaucoup d'appréhension, nous sortîmes lentement des bois pour rejoindre la route. L'homme nous fit signe de venir rapidement. Nous nous précipitâmes vers lui et sautâmes à l'arrière de son véhicule. Je fouillai mes poches pour m'assurer que j'avais toujours les faux papiers sur moi, répétant mon nom polonais à voix basse. Un sentiment de soulagement m'envahit lorsque la charrette reprit sa course. Cette fois-ci, nous n'étions pas cachés, mais assis bien droits dans l'habitacle, essayant de donner l'impression que tout était normal. Je serrai la boîte de photos contre ma poitrine, essayant une fois de plus de me calmer au rythme du mouvement du véhicule. Mais mon cœur battait très fort et me privait de calme.

Où irions-nous ensuite, me demandai-je. On nous avait dit que la dernière étape de notre voyage vers Będzin se ferait en train. Je m'attendais donc à ce que nous arrivâmes près d'une gare dans une ville voisine. Le chauffeur ne nous dit rien, gardant son regard droit devant lui. Au bout d'un moment, nous arrivâmes dans une petite ville. Celle-ci commençait tout juste à s'animer au fur et à mesure que les activités de la journée commençaient. Il ne nous fallut pas attendre longtemps avant d'arriver en face de la gare de la ville. Le conducteur s'arrêta et nous aida à descendre du chariot. Il nous tendit, à moi et à l'autre garçon, des billets de train. Tous les deux indiquaient bel et bien Będzin. Le conducteur nous souhaita un bon voyage et bonne chance, en nous appelant par nos noms polonais. C'était comme s'il nous rappelait d'être prudents et de commencer à jouer le rôle de nos nouvelles identités.

Entrer dans la gare était effrayant, mais je savais que je ne devais montrer aucune crainte et faire preuve d'assurance. C'était une petite gare, très fréquentée, d'autant plus que le train amorçait son entrée en gare. Après avoir trouvé le tableau des horaires et pris note du quai de départ de notre train, nous nous dirigeâmes sans plus attendre vers les voies. Nous venions de trouver un endroit pour nous asseoir et attendre quand le son du sifflet résonna sur la voie ferrée. Le train se faufila lentement dans la gare puis s'arrêta. Peu de temps après, nous étions dans le train.

Une fois à bord, nous nous séparâmes dans le but de trouver des sièges relativement éloignés les uns des autres. Nous ne voulions pas créer de suspicion en étant ensemble. Notre passeur était également monté dans le train et avait trouvé une place assise à l'écart de nous tous. Il ne s'écoula que quelques minutes avant que le train ne se remette en marche, mais cela nous parut une éternité. Après tout ce temps, nous étions enfin en route. Il ne restait que quelques heures avant notre arrivée à Będzin. J'essayais de me détendre, sans toutefois y parvenir. Je m'entraînais à prononcer mon nouveau nom dans ma tête, tout en surveillant nerveusement l'arrivée du conducteur du train, ou pire, de la police.

Heureusement, ma crainte de cette confrontation ne se concrétisa jamais. Quel grand sentiment de soulagement m'envahit lorsque nous entrâmes dans la gare de Będzin sans avoir été contrôlés ni approchés par une quelconque autorité. Alors que le train ralentissait, je me levai d'un bond pour me diriger vers la passerelle et pris ma place dans la file d'attente pour débarquer. Je regardais autour de moi les passagers qui attendaient de descendre du train, tout en prenant soin de ne pas établir de contact visuel. Personne ne semblait vouloir me regarder dans les yeux non plus.

Une fois sur le quai, une nouvelle réalité me frappa de plein fouet. Je savais que ma famille ne vivait plus dans le quartier de la ville où elle avait résidé avant la guerre. Je me rendis alors compte que, à l'heure actuelle, chaque juif qui n'avait pas été tué ou envoyé vers les camps de travail était certainement confiné dans un ghetto comme c'était le cas à Częstochowa. De ce fait, il fallait vite que je comprenne comment me rendre jusqu'au ghetto. Je ne pouvais pas me permettre d'errer sans but trop longtemps dans la ville, sinon je serais capturée.

Je connaissais un peu le quartier, mais pas dans les détails. Mon oncle avait vécu près de la gare ferroviaire avant d'être envoyé dans le ghetto, ce coin m'était donc familier à un certain degré. J'appris également que le ghetto de Będzin se trouvait dans un quartier de la ville appelé Komnianka. J'étais chanceuse d'avoir cette information en ma possession. Il serait donc assez facile de demander à n'importe qui dans la ville où se trouvait le ghetto. Cependant, était-ce vraiment une bonne idée de procéder ainsi ? Poser une telle question pourrait très bien me trahir. Je pouvais toujours essayer de demander mon chemin jusqu'à Komnianka. Je trouvai une femme âgée au visage aimable et lui demandai discrètement le chemin. Elle me l'indiqua aussitôt, apparemment sans aucun soupçon.

Je sortis de la gare et commençai à déambuler dans les rues de la ville, tout en essayant de donner l'impression d'être à ma place et de me diriger vers un endroit précis. Je marchais à un rythme rapide, mais pas au point d'attirer l'attention sur moi ou de manquer les repères que la vieille femme m'avait donnés. C'était la fin de l'après-midi et les ombres s'étendaient sur toute la ville. Les rues latérales étaient maintenant complètement dans l'ombre projetée par les bâtiments qui les bordaient. Les ruelles plus sombres me convenaient davantage, même si je suppose qu'elles ne permettaient pas de me dissimuler complètement.

Je venais de tourner au coin d'une rue quand, soudain, j'aperçus au loin les abords du ghetto. Vu l'état déplorable dans lequel il était, il n'y avait pas d'erreur possible : de l'extérieur, les immeubles semblaient insalubres et avaient été dilapidés. En bas de la rue, je reconnaissais des personnes juives. Je m'approchai rapidement du quartier, jusque dans le ghetto.

Avant la guerre, mon grand-père était connu à Będzin pour être un homme d'affaires accompli, doté d'une compagnie d'assurance florissante. J'étais persuadée que tout le monde ici le connaissait, ou du moins, avait entendu parler de lui. Je m'approchai d'un homme un peu âgé et lui demandai s'il le connaissait À ma grande joie, c'était le cas. Il m'accompagna jusqu'en face de sa maison. Une fois là, je frappai à la porte, et une dame m'ouvrit. J'ignorais qui était cette femme, mais je lui racontai qui je recherchais, et elle me fit signe d'aller dans une pièce au bout du couloir. Les conditions de vie dans cette maison étaient très mauvaises. Plusieurs familles l'occupaient en même temps, et mon grand-père et ma grand-mère étaient dans la pièce qu'elle m'avait désignée.

J'ouvris lentement la porte et vis mes grands-parents entassés avec d'autres personnes dans la pièce. Ils avaient tous deux l'air d'avoir vu un fantôme. Leurs visages avaient pâli. Ma grand-mère porta ses mains à ses joues pour les couvrir et poussa un petit cri de surprise. Puis je remarquai que son regard passait par-dessus mon épaule, comme si quelqu'un était entré derrière moi. Je me retournai pour voir ce qu'elle regardait. Il n'y avait personne. Je la regardai à nouveau, l'air confus. Puis elle me demanda : "Ta mère est avec toi ?"

Cette question ne nécessitait aucune réponse de ma part. Elle la connaissait avant même de poser la question. Elle se mit à pleurer, puis s'approcha de moi pour me serrer dans ses bras. Mon grand-père restait là, silencieux, incapable de prononcer un mot. Son visage était marqué par le choc et la peur.

À présent, leur vie dans le ghetto ne tenait plus qu'à un fil. À tout moment, la fin pouvait arriver. Les aktion étaient fréquentes, tant les nazis faisaient pression pour mener à bien leur projet de Judenrein. Les juifs étaient capturés et envoyés dans les camps de la mort sans avertissement préalable et sans raison. Ils luttaient pour obtenir suffisamment de nourriture pour leurs corps frêles. La saleté envahissait tout et tout le monde, l'accès à l'hygiène étant très limité. Le typhus et d'autres maladies se répandaient comme une traînée de poudre. Et maintenant, mes grands-parents avaient une autre personne dont ils devaient se soucier. En plus de cela, je n'avais pas de papiers. Ces derniers étaient obligatoires et exigés pour toute personne vivant dans le ghetto. Les faux papiers qu'on m'avait donnés pour sortir de Częstochowa ne fonctionneraient pas ici. Ils étaient pour une Polonaise et ils seraient inutiles pour une juive dans le ghetto.

RÉUNIE AVEC MES GRANDS-PARENTS
MARS 1943

J'étais un peu la petite-fille "préférée" de mes grands-parents maternels. Puisque j'étais la seule à vivre loin d'eux, et que je ne pouvais leur rendre visite qu'une à deux fois dans l'année, ils étaient toujours aux petits soins avec moi et me réservaient un traitement privilégié. Ma grand-mère était une femme vive, déterminée et énergique. Elle parlait d'une voix sûre et puissante et, face à une situation donnée, elle semblait toujours savoir ce qu'il convenait de faire. Ma mère et moi partions en vacances avec elle tous les étés dans des villages de montagne du sud de la Pologne. Nous étions d'ailleurs avec elle au cours de ces dernières vacances, juste avant que la guerre n'éclate.

Mon grand-père était un homme incroyable et si gentil. Je l'aimais beaucoup, et je savais qu'il m'aimait tout autant. Il ne me fit jamais part de la peur que mon arrivée lui avait causée, mais en en apprenant plus sur la situation, je me rendis compte que cela lui pesait. Et ses craintes n'allaient pas tarder à se concrétiser.

Sans papiers, je n'avais pas le droit de quitttter la maison, parce que les autorités contrôlaient souvent les gens dans la rue, même dans le ghetto, pour s'assurer qu'ils avaient bien leurs papiers d'identité sur eux. Si quelqu'un se trouvait dans l'impossibilité de présenter ses papiers, il était envoyé à Auschwitz, à Dachau ou à Buchenwald. J'étais donc dans une position très précaire.

Un jour, je m'aventurai dehors. Je ne me rappelle pas pourquoi. Peut-être pour essayer de trouver de la nourriture, ou bien parce que je ne supportais tout simplement plus d'être confinée dans la maison. Quoi qu'il en soit, c'était une décision très dangereuse. Je marchais dans la rue située non loin de notre logement, quand un policier juif m'arrêta pour me demander mes papiers. Cet homme faisait partie du Judenrat, constitué de juifs engagés de force par les Allemands pour surveiller les activités d'autres juifs dans le ghetto. Étant dans l'incapacité de présenter mes papiers, le policier m'embarqua dans son bureau. Je pensais que ma dernière heure était arrivée. Toutefois, il me laissa partir assez rapidement. Mon oncle, qui avait une certaine influence sur les juifs de Będzin, s'était arrangé pour qu'il me laisse filer.

Depuis ce jour, je n'avais d'autre choix que de rester enfermée chez moi tout le temps, ce qui, malgré tout, ne rendit pas les choses plus sûres. En effet, les policiers avaient commencé à mener des visites régulières dans les logements du ghetto pour vérifier les papiers de tout le monde. Nous ne tarderions pas à devenir la cible d'une de ces visites : un soir, la police juive frappa à notre porte et demanda à entrer. Il ne leur fallut pas attendre longtemps avant de découvrir que j'étais une sans-papiers. Il était très tard ce soir-là et nous étions tous au lit. Les policiers me demandèrent alors de bien vouloir les suivre jusqu'à la gare. J'étais terrorisée et pensais que mon heure était venue. C'était ma deuxième arrestation, ils s'apprêtaient donc très probablement à m'envoyer dans un camp de concentration.

Mon grand-père était assis sur son lit et se mit à les implorer de ne pas me prendre, leur indiquant qu'il était invalide et qu'il avait besoin de mon aide. Sur le moment, je me dis qu'il affabulait par désespoir : c'était un vieil homme et il ne se déplaçait pas très vite, mais il était loin d'être invalide. Il tira ensuite la couverture dans laquelle il dormait et pointa du doigt l'une de ses jambes. À ma grande surprise, je découvris qu'il avait été amputé. Avant cette date, j'ignorais que cela faisait des années qu'il avait une prothèse. Je fus choquée d'apprendre cela.

Les hommes jetèrent un coup d'œil à sa jambe et réfléchirent un instant. Puis ils me regardèrent, avant de tourner leurs regards vers mon grand-père à nouveau. Ils s'excusèrent auprès de lui, avant de lui dire qu'ils devaient quand même me prendre puisque je n'avais ni les papiers ni l'autorisation requis pour être dans le ghetto. Mon grand-père les supplia une fois de plus de me laisser rester, mais en vain.

À la gare, j'attendais, horrifiée, que mon sort soit scellé. J'étais restée assise là pendant des heures, complètement dépitée. J'étais sûre que ma dernière heure avait sonnée et qu'ils me mettraient très bientôt dans un train en partance pour un camp de la mort. De tout le temps que j'avais passé en cavale tout seule, j'en avais conclu que je préférais retrouver ma famille et finir dans l'un de ces camps, plutôt que d'être toute seule, constamment à la recherche de quelques miettes de nourriture et d'un endroit sécurisé où passer la nuit. Résignée, j'étais prête à accepter mon destin. Au moins, j'avais eu la chance de revoir mes grands-parents une dernière fois.

Puis, quelque chose d'incroyable se produisit. Le policier revint vers moi et m'annonça que j'étais libre de quitter les lieux. Avant de partir, il me mit en garde : je ne devais pas me faire attraper à nouveau, sinon, la sanction serait définitive. Je ne savais pas pourquoi on me laissait partir, mais je ne perdis pas une seconde de plus et sortis de la gare en courant pour regagner la maison de mon grand-père. Une fois là-bas, il me dit que mon oncle avait soudoyé la police pour obtenir ma libération. Je savais maintenant que j'étais un fardeau pour ma famille bien-aimée et que je devais trouver un autre endroit où aller. Mais où ? Et comment ? Il n'y avait plus beaucoup d'alternatives pour les juifs à ce stade. Sauf la mort.

Mon grand-père et ma grand-mère avaient pris de gros risques en m'accueillant de manière si impromptue. J'avais été attrapée deux fois, et par deux fois, mon oncle avait dû intervenir en achetant la police pour me libérer. Malgré cela, mon grand-père ne me mit jamais la pression pour que je m'en aille. Mes grands-parents savaient bien que je n'avais pas d'autre alternative. Cependant, il fallait que j'en trouve une pour apaiser leurs craintes d'éveiller les représailles des autorités allemandes et polonaises. De plus, je ne pouvais plus supporter de rester enfermée jour et nuit comme une prisonnière dans notre petite chambre.

Je n'avais pas réussi à obtenir les papiers qui m'auraient permis de me déplacer dans le ghetto. Même mes oncles, avec leur influence, ne pouvaient pas les obtenir pour moi. Les aktion continuaient à se produire fréquemment et de plus en plus de juifs de Będzin étaient tués ou envoyés dans les camps. Mon grand-père et ma grand-mère ne quittaient jamais la maison car ils étaient vieux. Les personnes plus âgées étaient immédiatement capturées et envoyées Dieu sait où. À ce moment-là, presque tout le monde restait cloîtré chez soi, ne s'aventurant à l'extérieur que pour le strict nécessaire. Il était clair que le plan pour rendre la ville Judenrein s'accélérait. Je savais que le temps était compté pour ma famille et moi.

La plupart des membres de ma famille maternelle étaient toujours en vie et avaient survécu aux violentes aktion. Mais combien de temps pourraient-ils encore tenir ? On aurait dit qu'ils attendaient comme un miracle, mais j'étais certaine que rien de tel ne se produirait. Je n'arrêtais pas de penser que telle était notre réalité. L'angoisse m'étouffait. Puis, une idée me vint.

J'avais entendu parler de ces camps de travail dans lesquels les juifs étaient forcés de fabriquer du matériel pour l'effort de guerre. Les Allemands avaient désespérément besoin de cette main-d'œuvre car la plupart des hommes et des femmes valides étaient envoyés sur le front. Par conséquent, les juifs de ces camps n'étaient pas visés par l'extermination. Les conditions de vie dans les camps étaient sévères, mais il ne s'agissait pas de camps d'extermination. Ces esclaves juifs étaient nourris quotidiennement, bien que très pauvrement, afin de garder leurs forces pour le travail.

J'aimais travailler. Je me dis alors que cela ne serait pas un problème pour moi. Le travail avait été une distraction bienvenue pour moi lors de mon retour à Częstochowa après avoir été en fuite. Le fait d'être confinée à la maison me rendait folle. J'avais l'impression de suffoquer. Et, bien sûr, la menace constante d'une autre rafle planait lourdement sur mon esprit. Je décidai de trouver un moyen d'entrer dans l'un des camps de travail.

Quand je fis part de mes plans à mon grand-père, je m'attendais à ce qu'il essaye de me dissuader. Sa réponse me surprit : il prit une position totalement neutre, et me dit qu'il ne pouvait pas me dire quoi faire. Selon lui, je devais faire ce que je pensais être le mieux pour moi. À mon avis, c'était une façon discrète de dire que je devais partir.

Le lendemain, je me présentai à la police juive leur annoncer que je me portais volontaire pour les camps de travail. Je savais que je signais peut-être mon propre arrêt de mort en faisant cela. J'avais déjà été arrêtée deux fois pour être sans papiers. Que me feraient-ils maintenant ? Quoi qu'il en soit, je voulais absolument sortir de mon isolement et alléger le fardeau de mes grands-parents.

J'eus de la chance ce jour-là. Plutôt que de m'arrêter, ils acceptèrent ma demande et m'affectèrent dans un camp voisin appelé Bolkenhain où l'on fabriquait des tissus de toutes sortes pour l'armée. Je m'apprêtais à rencontrer là-bas deux amies merveilleuses sans lesquelles je n'aurais pas survécu. Ma décision de me porter volontaire pour travailler dans ce camp les surprendrait. Le sort voulut que, deux semaines à peine après mon depart, le ghetto de Będzin fût liquidé.

Je n'ai plus jamais revu mes grands-parents après cela.

DANS LE CAMP DE BOLKENHAIN
SEPTEMBRE 1943

Se souvenir est une tâche parfois difficile, mais c'est dans de tels moments qu'il est important de s'efforcer de le faire. Et, malheureusement, les souvenirs évoqués avec tant de peine et de douleur sont souvent les plus désagréables à raconter. Pourtant, même durant les moments difficiles, certaines pensées me reviennent et me réchauffent le cœur. Parmi mes souvenirs de la plus grande horreur de l'histoire humaine, je me rappelle Lili et Halinka, deux belles amies qui m'ont aidée à survivre.

En entrant dans le camp de travail, je sentis une peur redoublée d'effroi se propager dans ma poitrine. Mon cœur se mit à battre très vite. À l'intérieur du camp se trouvaient des dizaines de jeunes femmes et de filles comme moi. La plupart n'étaient pas encore des femmes. Elles étaient encore des enfants. Je me situais quelque part entre les deux. Nos enfances nous ayant été volées, nous avions été forcées de grandir rapidement. J'avais 13 ans à l'époque, et j'avais déjà vu plus d'horreurs et échappé de justesse à la mort plus de fois que la plupart des gens dans toute leur vie.

J'examinai la pièce : leurs visages étaient émaciés, éteints. Elles ne souriaient pas et ne bavardaient pas comme des adolescentes de leur âge le feraient. On aurait dit qu'on leur avait ôté toute humanité. C'était très certainement ce que les Allemands essayaient de faire. Ils ne nous voyaient pas comme des êtres humains et faisaient de leur mieux pour nous déposséder de notre dignité.

Pourtant, cachée au plus profond de leurs corps épuisés se trouvait une volonté de se battre pour leur humanité. Elles s'étaient liées d'amitié les unes avec les autres pour s'encourager et s'aider mutuellement à survivre. Elles avaient formé de petits groupes au sein desquels elles s'entraidaient. J'eus de la chance de faire partie de l'un d'entre eux.

Tandis que je m'installai dans ma couchette, deux filles s'approchèrent de moi. Je ne savais pas à quoi m'attendre. J'étais restée seule si longtemps. L'une d'elle se présenta : "Bonjour, je m'appelle Lili." Puis elle m'indiqua que c'était avec elle que je partagerai ma couchette. Je leur dis mon prénom en retour avant de me tourner vers la deuxième jeune fille. "Salut, moi c'est Halinka," dit-elle. "D'où viens-tu ?"

"À l'origine, je viens de Częstochowa, mais je me suis enfuie lorsque mes parents ont été envoyés vers les camps de concentration. Du moins, c'est ce que je crois. Je ne suis pas sûre. Ensuite, je suis partie à Będzin pour y retrouver mes grands-parents."

"Tu as pu les retrouver ?" demanda Lili.

"Oui, ils sont toujours dans le ghetto."

Halinka me demanda, "Et, pourquoi est-ce que tu es ici ? Les Allemands t'ont forcée à venir travailler ici ?"

"Non, je me suis portée volontaire."

Ma réponse les surprit. "Vraiment ! Pourquoi ? Personne ne se porte volontaire pour être envoyée dans un camp de travail," s'écria Lili.

"Je n'avais pas de documents d'identité, et les choses devenaient trop dangereuses, puisque j'avais déjà été arrêtée deux fois sans ces papiers et que j'aurais probablement été envoyée dans un camp si mon oncle n'avait pas soudoyé les policiers à temps. Ce n'était pas uniquement dangereux pour moi, mais pour ma famille également. Je ne pouvais pas quitter la petite pièce de l'appartement minuscule dans lequel nous vivions, de peur d'être arrêtée à nouveau. Je devenais folle et craignais qu'ils ne nous envoient tous dans un camp de la mort. Les aktion devenaient de plus en plus fréquentes, et les juifs étaient tués ou déportés. J'ai donc décidé de tenter ma chance dans un camp de travail, pensant que mes chances de survivre y seraient peut-être plus élevées."

Ma réponse leur sembla logique, mais elles étaient toujours aussi impressionnées que quelqu'un ait pu se porter volontaire pour être envoyé dans un camp de travaux forcés.

"Nous travaillons 12 heures par jour. C'est un travail difficile et fastidieux," m'avertit Halinka. "Tu regretteras bientôt ta petite chambre !"

"Qu'est-ce que vous faites ici ?" demandai-je à Lili.

"Nous fabriquons des tissus de toutes sortes. Pour des vêtements, des couvertures, même des parachutes," répondit-elle.

"Quelles sont les conditions de travail ?"

"Nous travaillons de longues heures, bien entendu : 12 heures chaque jour. Mais, au vu de ce que j'ai pu entendre au sujet d'autres camps, cela aurait pu être pire. On ne nous donne pas grand chose à manger, mais on ne nous affame pas non plus. Et, hormis le dur labeur qu'ils nous assignent, ils nous traitent relativement bien," expliqua Lili.

Halinka ajouta : "Ils ont besoin de ce travail que nous faisons pour continuer à alimenter l'effort de guerre. C'est pour cela qu'ils nous gardent en vie. Ta décision était peut-être la plus judicieuse, mais il est vrai que nous faisons un travail éreintant. Notre confort n'est pas ce qui les préoccupe le plus."

Je commençais à vraiment apprécier mes deux nouvelles connaissances. Nous avions beaucoup de choses en commun. Nous avions des expériences similaires. Lili avait un an de plus que moi et venait de la ville d'Auschwitz, où le tristement célèbre camp de la mort avait été construit. Halinka venait de Będzin et avait le même âge que moi. Nous avions pratiquement étudié les mêmes choses à l'école et avions des centres d'intérêt semblables.

Nous avions également reçu une éducation religieuse semblable. Toutes les deux avaient aussi grandi dans des familles religieuses mais pas orthodoxes. Néanmoins, nous avions toutes les trois des grands-parents orthodoxes. Je suppose qu'il s'agissait d'une situation courante pour les générations juives du milieu du XXe siècle. Nos parents étaient désireux de s'adapter au monde occidental moderne, sans pour autant vouloir se débarrasser complètement de leur foi comme ont pu le faire de nombreuses générations de juifs après eux. En fait, c'était tout le contraire. Nos parents aimaient les traditions du judaïsme et les gardaient fidèlement. C'est à ce moment-là, maintenant que nous ne pouvions plus célébrer ces traditions, que nous prîmes toutes les trois conscience de la valeur que nous leur accordions. À la suite de cette conversation, nous nous fîmes la promesse d'en parler régulièrement entre nous et, lorsque cela était possible, de faire quelque chose d'un peu différent pour Shabbat ou un jour saint.

Nous adorions nous raconter des histoires et en apprendre un peu plus sur les familles des unes et des autres. Nous les remémorer, en espérant qu'un jour nous rentrerions dans nos familles respectives, nous apportait beaucoup de réconfort et jouait un rôle thérapeutique. Même si, à cette époque, j'étais déjà pratiquement sûre qu'aucun membre de ma famille n'avait survécu. Il nous fallut quelques temps avant de le découvrir, mais Halinka et moi, après avoir longuement discuté de nos familles, fûmes heureuses d'apprendre que nous avions des parents communs. Sa famille venait de Silésie, d'où était originaire ma mère, c'est là que nous avions un lien. Après toutes ces années, je ne me souviens plus exactement de la manière exacte dont ce lien nous unissait.

Lorsque je lui racontai les vacances que nous passions dans les stations balnéaires du sud de la Pologne, Halinka me répondit que sa famille en faisait autant. Bien sûr, nous ne nous étions jamais rencontrées lors de ces séjours, mais nous étions souvent dans la même région au même moment. Nous nous remémorâmes ces beaux jours d'été remplis de plaisir ; ces plats délicieux que nous mangions tout en fermant les yeux pour nous souvenir de leurs parfums merveilleux. Nous nous rappelâmes également l'aide que nous fournissions à nos mères pour la préparation de ces repas, notamment à l'approche d'un jour saint. Nous nous souvînmes même avec émotion de certaines corvées que nous devions accomplir pour la famille. Nous rîmes ensemble, commentant à quel point nous détestions les faire à l'époque, avant de nous accorder à dire combien nous serions heureuses qu'on nous les impose à nouveau.

Ayant fait la promesse de nous entraider, les liens qui nous unissaient toutes les trois continuaient chaque jour de se solidifier. Nous venions bien sûr en aide aux autres filles du camp quand nous le pouvions, mais Lili, Halinka et moi devînmes très proches. Elles étaient ma famille, mes sœurs.

J'étais loin de me douter à l'époque de l'horreur que nous allions bientôt vivre ensemble.

EN ROUTE POUR LANDESHUT
MARS 1944

Le camp de Bolkenhain, avec ses 150 détenues, était relativement petit par rapport à la plupart des autres camps. Au bout de six mois, je connaissais pratiquement tout le monde, au moins un petit peu. Mais, Lili, Halinka et moi passions le plus clair de notre temps ensemble. Lili et moi partagions une couchette, tandis Halinka dormait dans le lit au-dessus du nôtre avec une autre fille. J'aurais souhaité pouvoir me souvenir du nom de cette fille. C'était une bonne amie, mais je n'avais pas développé un lien aussi fort que celui que nous partagions toutes les trois.

Nous étions les meilleures amies, inséparables. Malheureusement, cette situation n'allait pas tarder à changer du tout au tout. Le camp de Bolkenhain s'apprêtait à devenir une usine de munitions. On nous annonça que nous allions bientôt être transférées vers d'autres camps. Où serions-nous envoyées ? Et serions-nous toutes ensemble ?

Quelques jours plus tard, on nous fit monter à bord de trains en direction de nos nouveaux lieux d'affectation. Je fus si soulagée de savoir que Lili et moi étions dans le même train. Nous serions envoyées vers un nouveau camp, nommé Landeshut, qui était lui aussi une usine de tissage et de fabrication de tissu. Pour notre plus grand malheur, Halinka avait été mise dans un train différent du nôtre, et nous ignorions où celui-ci irait. Nous avions si peur de ne plus jamais la revoir. Nous nous inquiétions pour elle car elle avait toujours été la plus fragile de nous trois. Comment se débrouillerait-elle sans ses chères amies ? Comment nous débrouillerions-nous sans elle ? Notre "cordon triple" avait été rompu.

Nos premiers jours à Landeshut ne s'avérèrent pas trop différents de ceux passés à Bolkenhain. Le travail était semblable : le filage puis le tissage de la fibre. Nous étions supervisées par un Allemand. C'était un homme âgé, trop vieux pour se battre au front, mais qui connaissait le métier de tisserand. Nos surveillants et esclavagistes appartenaient à l'armée de l'air allemande, la Wehrmacht, qui dirigeait ce camp de travail et bien d'autres. Cette situation était plus confortable. Les redoutables SS nazis, eux, dirigeaient les camps de concentration et de mort, et ils étaient beaucoup plus cruels. À cette époque, les SS n'intervenaient pas vraiment dans les camps de travail qui avaient été créés pour soutenir l'effort de guerre plutôt que pour éliminer les juifs. En somme, nous étions des esclaves, à peine maintenues en vie, mais au moins, nous vivions toujours. Au fur et à mesure que les choses empiraient pour les Allemands sur le front de guerre, cette situation changeait, et les SS finirent par prendre le contrôle des camps de travail aussi.

Ici à Landeshut, je commençais à sentir que les choses changeaient aussi. Ce n'était pas aussi propre qu'à Bolkenhain, les portions de nourriture y étaient plus maigres. J'étais constamment affamée. Et il y avait une différence majeure à laquelle je peinais à m'habituer : nous travaillions de nuit. Pendant la journée, les Allemands travaillaient à l'usine. Une fois leur service terminé, nous venions prendre la relève et travaillions pendant les longues nuits. Chaque soir, on nous mettait en rang au dortoir et on nous faisait marcher jusqu'à l'usine. Ce n'était pas très loin, donc la marche n'était pas trop pénible. Mais c'était une autre façon de nous humilier. Nous devions tenir la cadence pendant que des gardes armés marchaient à côté de nous pour s'assurer que nous le faisions bien, puis nous retournions à notre dortoir, une fois de plus en rangs stricts, juste après le lever du jour.

Je trouvais qu'il était assez difficile de dormir pendant la journée, surtout lorsqu'il faisait chaud et humide. Lili avait également du mal à dormir, même si nous étions toutes deux épuisées et endolories par notre travail. De ce fait, nous passions généralement la matinée à bavarder jusqu'à ce que nos yeux ne deviennent trop lourds pour rester ouverts. C'était la seule manière que nous avions de passer le temps. Cependant, une nouvelle activité allait bientôt permettre de pallier la monotonie de notre quotidien.

Lili était une personne pleine de ressources et créative. Elle était également une couturière hors pair. Elle parvenait toujours à ramener avec elle des bouts de fil et des aiguilles qu'elle trouvait par terre à l'usine. Cela nous permettait de coudre quelques vêtements, dont les plus pratiques étaient des sous-vêtements. Nous nous fabriquions également des accessoires, tels que des mouchoirs, des écharpes et des objets décoratifs. Rien de très fantaisiste, même si certaines de ces choses étaient très bien faites. Nous n'aurions pas pu les porter de toute façon, car cela aurait attiré sur nous une attention indésirable et dangereuse. Par ailleurs, cela aurait entraîné la fin de notre travail de couturières, ou pire, peut-être même la fin de nos vies. Au début, ces efforts nous paraissaient totalement inutiles - et, en effet, ils l'étaient - mais ils nous permettaient surtout d'avoir quelque chose à faire et de détourner notre esprit du dur labeur et des terribles conditions dans lesquelles nous vivions. Plus important encore, cela nous rappelait que nous étions encore humaines.

Une autre activité plus utile vint rapidement remplacer notre passe-temps risqué. En effet, certaines femmes juives avaient été désignées pour servir d'intermédiaires entre nous et les administrateurs du camp. Il s'agissait de femmes plus âgées, appelées *Judenältesten*. Ce service leur octroyait quelques privilèges, mais elles se retrouvaient souvent dans des situations difficiles, étant d'une part obligées de faire leur devoir, et d'autre part, ressentant la nécessité de protéger leurs camarades juives. Un jour, nous entendîmes dire que ces femmes n'étaient pas insensibles aux pots-de-vin. Sachant cela, nous commençâmes à utiliser nos petites réalisations pour obtenir leurs faveurs. Nous les échangions contre des morceaux de pain supplémentaires ou un peu plus de soupe.

Les Allemands faisaient de leur mieux pour nous déshumaniser. Le manque de nourriture, les conditions de vie déplorables, et l'attitude supérieure avec laquelle ils nous traitaient ne visaient qu'un seul but : nous anéantir. Avec de telles conditions de vie, ils s'attendaient à nous voir nous comporter comme des animaux - parce que c'est ainsi qu'ils nous considéraient. Nous savions qu'ils pouvaient nous ôter notre santé, ou même nos vies, mais ils n'auraient pas notre dignité. Jusqu'ici, à Landeshut, nous remportions cette bataille. Mais, la nouvelle d'un transfert imminent vers un autre camp, et de la fermeture de Landeshut, ne tarda pas à nous parvenir. Ils n'auraient plus besoin de nous ici. Nous étions en route pour Grünberg, une usine beaucoup plus grande, sous la férule d'un commandant sadique. Pourrions-nous y garder notre dignité ?

TRANSFÉRÉES À NOUVEAU : LE CAMP DE GRÜNBERG
JUILLET 1944

Lili et moi marchions blotties l'une contre l'autre en direction de notre nouveau camp de travail. Le bâtiment était très grand et contrastait beaucoup avec le reste de la ville de Grünberg. Une fois la grande porte menant aux couchettes franchie, des rangées et des rangées de lits superposés serrés nous attendaient. Nous avions à peine assez de place pour nous faufiler jusqu'à nos lits nouvellement attribués. Une fois de plus, Lili et moi allions partager une couchette.

Nous pouvions déjà ressentir que les conditions de vie seraient plus difficiles dans ce camp. Tout d'abord, parce qu'il était bien plus grand. Nous étions plus de 1000 femmes à y vivre pour le moment, et d'autres ne tarderaient pas à nous rejoindre - des centaines de plus qu'à Landeshut. Les femmes ici étaient plus maigres, plus fatiguées. Cette usine était elle aussi spécialisée dans la fabrication de tissus, mais l'étendue de son activité prenait des proportions bien plus importantes, car elle concernait l'ensemble du processus de fabrication : de la création du fil jusqu'au tissage et au boulochage du tissu.

Très peu de temps après notre installation, d'autres femmes commencèrent à arriver de petits camps situés en Silésie. Une nouvelle salle avait été ouverte pour ces arrivées : c'était un grand entrepôt avec un très haut plafond. Si cette usine incarnait l'horreur pour nous toutes, elle était aussi un bâtiment magnifique, dotée de jardins et de paysages somptueux. Je me rappelle que lors de mes premiers jours ici, à la fin du printemps 1944, la propriété était recouverte de magnifiques fleurs. Ce paysage était la seule chose qui nous réjouissait.

Mais nous n'allions pas tarder à voir un autre spectacle réjouissant : Halinka était arrivée ! Elle nous raconta qu'elle avait été envoyée dans un camp à Merzdorf. Les conditions de vie y étaient aussi mauvaises qu'à Landeshut. Elle nous dit qu'il y avait environ 100 femmes là-bas et qu'elles fabriquaient aussi du tissu comme à Bolkenhain, mais qu'elles étaient parfois obligées de faire des travaux plus durs comme la pose de briques et le déchargement du charbon pour alimenter l'usine. Une autre différence à Merzdorf était que certaines prisonnières étaient prêtées aux entreprises locales pour tous types de travaux. Chaque jour, des hommes venaient au camp et sélectionnaient des femmes pour travailler pour eux. C'était comme un marché aux esclaves, nous racontait Halinka.

Nous étions toutes les trois très heureuses d'être à nouveau réunie, mais ce qui nous attendait nous enlèverait bientôt toute cette joie.

La vie à Grünberg allait s'avérer bien pire que celle que nous avions à Landeshut. Pourtant, nous étions bien mieux loties que ne l'étaient les autres camps, en particulier les camps de la mort. On ne nous avait pas rasé la tête, et nous avions les moyens de rester relativement propres : nous avions le droit de nous laver une fois toutes les deux semaines. Nous pouvions également laver nos vêtements et notre literie. Au moins, nous avions du linge de lit, ce qui n'était pas le cas dans les autres camps. Ici, nous avions des oreillers et des couvertures et nous dormions sur des sacs de paille plutôt que directement sur des couchettes en bois dur. Les Allemands n'essayaient pas non plus de nous faire travailler à mort parce qu'ils avaient désespérément besoin de main d'œuvre. D'autant plus maintenant que la guerre commençait à jouer en leur défaveur. Ce n'est qu'à notre arrivée ici que nous avons commencé à percevoir ce changement.

En peu de temps, nos rations alimentaires furent réduites et la durée d'allumage des lumières dans le dortoir diminua. Même lorsque le temps devint plus froid, je ne me souviens pas que le chauffage ait été souvent enclenché. Les Allemands commençaient à perdre la guerre et nous commencions à en ressentir les conséquences.

Étant donné le si grand nombre de femmes à Grünberg, nous dûmes faire face à d'autres difficultés que nous n'avions jusque-là pas rencontrées dans le camp de Landeshut, qui était plus petit. Nous devions subir les appels du matin et du soir. Puisqu'il y avait plus de 1 000 personnes à compter, ces appels étaient atrocement longs et pénibles. Nous nous tenions à l'extérieur, en rangs par cinq. Nous étions obligées de rester complètement silencieuses et immobiles pendant que nos numéros étaient appelés un par un. Mes deux amies et moi étions arrivées dans ce camp pendant l'été. Cette année-là, la chaleur et l'humidité avaient été exceptionnellement élevées. L'hiver venu, nous étions obligées de subir l'appel très tôt le matin, quel que soit le temps. Souvent, nous devions rester debout sous la pluie verglaçante, le vent et la neige. Au fur et à mesure que l'on progressait vers l'hiver, ces appels semblaient commencer de plus en plus tôt. Pour l'un d'entre eux, nous avions été réveillées à 3h30 du matin. Si le décompte n'était pas correct, on recommençait. Il arrivait parfois que ces appels durent plusieurs heures.

Dès le départ, la nourriture était de moins bonne qualité qu'à Landeshut. Nous n'avions droit qu'à un tout petit bout de pain, qui devait nous durer toute la journée. De temps en temps, on nous donnait un bol de soupe, principalement composée d'eau et d'une portion infime de légumes, mais nous en appréciions la chaleur.

La situation continuait à se dégrader. La plus grande menace était la tuberculose. Le camp avait connu une épidémie avant notre arrivée et de nouveaux cas continuaient à apparaître. Toutes les quelques semaines, on nous faisait passer des radios pour voir si nous avions développé cette maladie pulmonaire mortelle. Si l'examen montrait des tâches noires sur les poumons d'une personne, celle-ci était immédiatement envoyée ailleurs, généralement dans un camp de la mort - et le plus proche d'ici était le redoutable camp d'Auschwitz. Toutes les fois que nous devions passer ces examens, la peur nous saisissait toutes. Heureusement, je n'ai jamais montré de signes de contamination.

En dépit de la détérioration de nos conditions de vie, nous faisions de notre mieux pour conserver notre dignité. Il était important pour nous d'être aussi jolies que possible, même si notre environnement était sordide. Je me rappelle avoir essayé de boucler mes cheveux avec des bigoudis faits de chiffons pour créer une coiffure. Il s'agissait d'une piètre tentative de coupe à la Jeanne d'Arc, qui était un style de cheveux plus droit qu'un style bouclé ou ondulé. Dans ce style, les boucles étaient placées au bas de la chevelure et repliées. Cette coupe était très à la mode avant la guerre. J'avais encore quelques vêtements en bon état. Aucune d'entre nous ne possédait beaucoup de vêtements, alors nous partagions nos tenues les unes avec les autres pour avoir un peu de variété. Je me rappelle que j'avais une tenue qui ressemblait un peu à une combinaison. J'avais l'habitude de dormir dessus de manière à ce qu'elle reste froissée.

Malgré tous nos efforts, nous avions l'air bien misérables. Nous étions très maigres, et nos vêtements étaient tous sales et déchirés pour la plupart. Toutefois, nous ne ressemblions pas à ces détenus photographiés dans d'autres camps tels que Buchenwald et Auschwitz. Nos efforts nous permettaient de garder notre humanité, même s'ils nous semblaient futiles parfois. Quand j'y repense aujourd'hui, je suis convaincue que cela a été essentiel pour garder nos espoirs en vie et nous préparer à endurer la terreur qui allait venir.

LA PRISE DE POUVOIR DES SS
OCTOBRE 1944

À l'automne 1944, le fonctionnement du camp de Grünberg changea. Les SS prirent le contrôle du camp, et succédèrent à la Wehrmacht. Peu de temps après cela, un jour, un camion arriva dans la cour du camp et une douzaine de femmes, habillées en uniformes SS, descendit de l'arrière du véhicule. Rapidement, un autre groupe de surveillants SS - cette fois constitué d'hommes - fit également son arrivée. Il nous apparut très clairement que ce seraient eux, à présent, qui dirigeraient le camp. Pour la première fois, nous ressentîmes que nos vies étaient en danger.

Le nouveau commandant de Grünberg utilisait n'importe quel prétexte pour nous infliger un châtiment physique. À de nombreuses reprises, sans aucune raison apparente, il choisissait l'une d'entre nous et la frappait. Parfois, parce que nous parlions trop fort ou trop longtemps. En réalité, c'était un sadique - ce seul motif lui suffisait. Il portait une grosse bague à l'un de ses doigts sur laquelle se trouvait le *Totenkopf*, le tristement célèbre symbole nazi représentant une tête de mort. C'était l'emblème principal des SS au cours de la guerre. Juste avant de frapper l'une des filles, le commandant faisait tourner la bague sur son doigt de sorte que la tête portant le symbole soit dans sa paume. Le métal dur de l'anneau entaillait alors profondément le visage ou le crâne de sa cible.

Avant l'arrivée des SS, nous ne travaillions que six jours par semaine et avions le droit de nous reposer les dimanches. Après qu'ils eurent pris la relève, le nouveau commandant se mit à utiliser les dimanches pour faire des appels - nous privant ainsi de ce temps de récupération - et nous faisait rester en rang pendant des heures. À la fin, il nous sermonait, indiquant que nous serions maintenues en vie aussi longtemps que nous produirions. Il était également très enthousiaste à l'idée de nous dire que la seule façon dont nous verrions un jour la liberté serait à travers les cheminées.

Le lendemain de l'arrivée de nos nouveaux surveillants, quelques filles du camp étaient passées par la cour pour rentrer à l'usine. Soudain, l'une d'entre elles aperçut une miche de pain survolant le mur depuis l'extérieur du camp et se précipita pour la ramasser. Juste à ce moment-là, un garde SS la vit et ordonna à tout le groupe de s'arrêter. Il se mit à les interroger. Une par une, chaque fille nia courageusement savoir d'où venait le pain, même si certaines d'entre elles le savaient pertinemment. Et, une par une, après chaque déni, le surveillant les frappait, faisant saigner leurs visages, leurs cous, leurs têtes. Malgré les coups douloureux, les filles se soutenaient mutuellement et ne cédaient pas à sa cruauté. Parmi nos surveillants, les hommes SS étaient cruels, mais à bien des égards, les femmes l'étaient encore plus. Lorsque les gardiennes nous faisaient marcher, elles nous accusaient souvent de ne pas marcher assez vite. Quand c'était le cas, elles nous donnaient des coups de crosse tout en nous criant dessus.

Un jour, les femmes SS nous rassemblèrent avant de nous emmener dans un bâtiment voisin. Une fois de plus, à mesure que nous avancions, elles nous criaient dessus tout en nous rouant de coups. Une par une, on nous appela pour entrer dans une pièce au sein de laquelle plusieurs hommes vêtus de blouses blanches étaient assis. Sur le sol, en face d'eux, un cercle blanc avait été tracé. En entrant dans la pièce, on nous donna l'ordre de nous déshabiller complètement puis de prendre place au milieu du cercle. Ces hommes semblaient être des médecins, mais aucune d'entre nous ne le crut réellement. Dans toute la pièce se trouvaient d'autres soldats SS, hommes et femmes. Je remarquai que leurs visages étaient particulièrement jeunes pour être des soldats. Je l'ignorais à l'époque, mais quand je regarde en arrière, je comprends que cela signifiait que la guerre était bientôt finie pour eux. Leurs forces avaient été amenuisées à un tel degré qu'ils étaient obligés de se tourner vers des jeunes, parfois des enfants, pour servir le front intérieur en tant que gardes.

Ils ne disaient rien, et se contentaient de nous regarder en silence. Aucune émotion ne semblait les traverser, et ils ne firent aucun effort pour nous examiner comme ils étaient censés le faire. Ils ne prirent pas de note et n'échangèrent pas non plus les uns avec les autres sur les raisons de cette inspection étrange. Heureusement, aucun d'entre eux ne nous toucha, mais pendant de longues minutes, ils nous fixèrent des yeux d'une manière absolument humiliante. Ils nous donnèrent ensuite un collier sur lequel un numéro était inscrit. Ce numéro servait une fin semblable à ceux qu'ils tatouaient sur les victimes d'Auschwitz. Nous étions contentes de ne pas être tatouées, mais cet événement avait été au moins aussi traumatisant. Nous en avions par la suite conclu qu'il s'agissait purement d'un exercice visant à nous déshumaniser davantage. C'était un stratagème psychologique pour nous soumettre encore plus à leur conviction d'être une race supérieure, mais aussi, une façon perverse de tirer du plaisir. Un "spectacle sexuel" malsain et tordu, peut-être ? Et ils se disaient race supérieure !

Il y avait eu des moments dans les autres camps où nous avions été la cible de tactiques humiliantes et déshumanisantes semblables, mais maintenant cela arrivait de plus en plus fréquemment. Les gardes qui avaient remplacé les gardes de la Wehrmacht étaient beaucoup plus méprisants à notre égard. Ils profitaient de chaque occasion pour nous crier dessus et nous dégrader en paroles et en actes. Nous savions à présent qu'il ne s'agissait plus d'un camp de travail, mais d'un camp de concentration. On continuerait à travailler pour fabriquer le tissu, si nécessaire pour poursuivre l'effort de guerre, mais le nouveau but serait finalement de nous éliminer.

Cet événement avait été terrifiant et, après cela, nos heures de travail et nos tâches quotidiennes devinrent de plus en plus imprévisibles et incohérentes. Lorsque nous avions une routine plus régulière, sans ces inspections étranges, nous nous sentions plus en sécurité. Mais ce confort avait été remplacé par une peur profonde de ce qui allait suivre.

À partir de ce moment-là, même les appels devinrent de plus en plus insensés. On nous réveillait à différentes heures le matin. Une fois appelées en rang, nous étions obligées d'attendre encore plus longtemps qu'auparavant avant que le décompte ne commence. Nous étions maintenant à la fin novembre ou au début décembre, et le temps froid se faisait de plus en plus sentir. Tout comme l'été avait été plus chaud que d'habitude, l'hiver 1944/1945 serait atrocement froid. Tant que nous étions au camp et que nous pouvions nous retirer dans le dortoir, nous pouvions y survivre.

LA MARCHE COMMENCE
DÉCEMBRE 1944

À la fin de l'année 1944, la majeure partie des hommes SS qui nous surveillaient quittèrent Grünberg, nous laissant ainsi principalement avec des femmes SS comme gardiennes. J'imagine qu'ils avaient dû être envoyés sur le front de l'Est pour se battre contre l'armée soviétique. Dans la mesure où nous étions dans les camps, nous n'avions aucune idée de ce qu'il se passait pendant la guerre. Le seul moment où les autorités du camp nous avaient parlé, c'était pour nous annoncer une victoire de leurs forces. Ce faisant, ils tentaient de nous décourager. Mais de tels comptes rendus étaient moins fréquents au cours des derniers mois.

Un matin de décembre, nous nous réveillâmes pour observer la neige tomber abondamment. C'était magnifique : la neige recouvrait les terres tout en sculptant des formes blanches le long des arbres et des arbustes entourant les bâtiments. Mais, pour nous, il ne s'agissait pas d'un spectacle réjouissant. Nous avions déjà tellement froid et les Allemands ne chauffaient plus les bâtiments. Je frissonnais en me demandant ce qui allait nous arriver ensuite. Nos horaires de travail étaient devenus irréguliers, et cela faisait longtemps que les examens de santé en tous genres, et plus particulièrement, les radiographies ne faisaient plus partie de notre quotidien. Quelque chose était en train de changer pour les Allemands. Cela nous apporterait-il de bonnes ou de mauvaises nouvelles ?

Soudain, une sirène de raid aérien retentit dans la ville. Les gardes commencèrent à paniquer et se précipitèrent vers leurs abris anti-bombes. On nous ordonna de rester à l'intérieur de l'usine. Les machines avaient cessé de tourner et l'électricité avait été coupée. Nous restions là, à attendre que les bombes tombent, sachant pertinemment que l'usine serait leur principale cible. Nous étions des cibles faciles pour les bombardiers soviétiques. Cela fit naître la peur dans mon cœur mais, étrangement, les sirènes apportèrent également de l'espoir et de la joie. Nous pensions que les Russes étaient peut-être en train de gagner et de se rapprocher. Le fait qu'ils aient pu avancer aussi loin dans le territoire allemand signifiait qu'ils avaient réussi à faire reculer leurs ennemis. La guerre touchait peut-être à sa fin.

Deux semaines supplémentaires s'étaient écoulées, au cours desquelles les sirènes de raids aériens étaient devenues plus fréquentes. Cela nous rassurait, même si nous savions que ces frappes pouvaient s'avérer mortelles pour nous aussi. La majeure partie de notre activité avait cessé. Pas complètement, bien entendu, mais suffisamment pour nous permettre de nous rendre compte que les Allemands ne s'en sortaient pas très bien. À partir de janvier 1945, les sirènes hurlaient presque quotidiennement. Parfois, nous pouvions entendre des bombes exploser au loin. Nous étions heureuses d'en être suffisamment éloignées, avant de supposer que cette usine subirait probablement le même sort bientôt.

La haine que nos surveillants éprouvaient pour nous semblait augmenter chaque jour. Ils nous insultaient et nous battaient plus régulièrement qu'avant. Les appels, eux aussi, étaient plus longs et plus cruels, nous obligeant à rester dehors dans le froid pendant des heures. Ces gardes SS étaient intimidants et effrayants. La simple vue de leurs uniformes noirs me donnaient des frissons de terreur.

J'essayais de rester le plus loin possible d'eux. C'était toujours un soulagement de retourner dans nos couchettes, là où nous ne pouvions pas les voir.

Puis un jour, il n'y eut pas d'appel. Personne ne vint nous chercher pour nous emmener à l'usine. Nous attendîmes un long moment, pensant que quelqu'un viendrait nous annoncer le commencement de l'appel. Quelques heures d'angoisses passèrent. Soudain, un groupe de surveillants fit son entrée dans le dortoir et nous ordonna de prendre toutes nos affaires avec nous et de nous préparer à partir. Où nous emmenaient-ils ?

Ils nous firent marcher jusqu'à un autre dortoir, où vivaient d'autres détenues arrivées avant nous. Il fallut jouer des coudes pour se frayer un chemin dans cet espace bondé. Il n'y avait pas assez de couchettes pour nous toutes. Lili, Halinka et moi trouvâmes un endroit par terre où nous asseoir et attendîmes. Qu'allait-il nous arriver ensuite ? Comment pourrions-nous vivre dans un espace aussi surpeuplé ?

Peu de temps après, nous entendîmes d'autres détenues entrer dans le camp. Ce n'est que plus tard que l'on apprit que ces femmes étaient des juives hongroises, amenées ici depuis un autre camp de l'est. Elles furent placées dans le dortoir que nous venions de quitter. Nous regardâmes dehors pour les apercevoir. Elles étaient très maigres et décharnées. Certaines d'entre elles avaient des taches de sang visibles sur leurs vêtements et leurs pieds. Elles avaient le crâne rasé, et leurs visages étaient pâles et émaciés. Certaines d'entre elles avaient des sabots de bois en guise de chaussures, tandis que d'autres n'en avaient pas du tout. Celles qui n'avaient pas de chaussures avaient enveloppé leurs pieds dans des chiffons pour se protéger. Elles étaient des centaines. Je ne sais pas exactement combien, peut-être 500, peut-être même 1 000.

À elles seules, elles remplissaient le dortoir. À travers les murs, nous pouvions les entendre prendre connaissance des lieux. Il y avait beaucoup d'agitation. Des cris et des hurlements résonnaient contre les murs. On entendait les couchettes et les tables se renverser et s'écraser au sol. Les femmes mettaient tout à sac, cherchant désespérément des morceaux de nourriture, des vêtements ou tout ce qui pourrait avoir la moindre valeur. C'était un bruit effrayant.

Les juifs hongrois avaient beaucoup souffert à la suite de l'invasion du pays par les Allemands en 1941. Même si la Hongrie était l'alliée de l'Allemagne à l'époque, Hitler craignait que le premier ministre ne projette secrètement de changer d'allégeance et de s'allier avec la Grande-Bretagne, la Russie et les États-Unis. Le premier ministre avait permis aux juifs en provenance de Pologne d'entrer en Hongrie et avait refusé de les expulser. Ainsi, lorsque les nazis prirent le pouvoir en 1941, les juifs furent très mal traités. En Pologne, les Allemands avaient adopté une approche plus lente pour priver les juifs de leurs droits, avant de les tuer. Mais en Hongrie, les choses étaient allées beaucoup plus vite.

De nombreux juifs hongrois furent immédiatement envoyés en Pologne et dans d'autres pays d'Europe de l'Est. Les familles furent séparées pendant ces expulsions et envoyées dans des camps de travail parmi les plus durs. Ces femmes avaient donc plus souffert que nous. Elles semblaient avoir cédé davantage face aux stratégies de déshumanisation des nazis. Il nous était difficile de les fréquenter, non seulement à cause de leur état émotionnel et mental, mais aussi parce que la plupart d'entre elles ne parlaient que le hongrois.

On apprit ensuite que ces femmes venaient de Schlesiersee, un camp situé au sud-est de Grünberg. Elles avaient marché pendant huit jours sur près de 100 kilomètres dans un froid glacial. Au début de la marche, elles avaient reçu chacune une miche de pain qui était censée durer toute la durée de la marche. Comme ces femmes ne savaient pas où elles allaient ni combien de temps durerait la marche, beaucoup d'entre elles avaient mangé le pain trop vite et étaient donc restées sans nourriture pendant la majeure partie du voyage. Il n'était pas étonnant qu'elles soient si épuisées et désespérées. En cours de route, certaines femmes furent tuées : à peu près à mi-chemin entre les deux camps, 40 femmes devenues trop faibles pour continuer à marcher furent emmenées dans une forêt où elles furent abattues. Leurs corps reposent dans une fosse commune à proximité.

Nous attendions, tout en écoutant l'agitation du bâtiment d'à côté se calmer peu à peu. Nous ignorions pourquoi ces femmes avaient été emmenées jusqu'ici. Le travail à l'usine avait pratiquement cessé, de ce fait, quel était l'intérêt de faire venir d'autres esclaves ? Cela n'avait aucun sens. Au fur et à mesure que la journée passait, nous sentions la tension et la nervosité grandir parmi les gardes. Nous nous rendions toutes bien compte que la guerre allait mal pour les Allemands. Nous savions que les Soviétiques étaient proches à cause du bruit continu que faisaient les sirènes des raids aériens et des bombes au loin. Ce contexte nous encourageait, mais en même temps, nous étions convaincues que nos meurtriers ne voudraient pas que nous survivions pour raconter nos histoires.

Deux jours après l'arrivée des femmes hongroises, les surveillants firent irruption dans notre dortoir et nous ordonnèrent de prendre toutes nos affaires avec nous. Au moment où nous sortîmes dans la cour ensevelie sous la neige, nous vîmes les Hongroises sortir au même moment et se mettre en ligne à côté de nous. La cour continuait de se remplir. En l'espace de quelques instants, plus de 2 000 femmes et jeunes filles se tenaient en rangs serrés. Les gardes poussaient et bousculaient les filles pour les forcer à se rapprocher et à se tenir en ligne droite. Celles qui ne se déplacent pas assez vite étaient giflées ou frappées.

Nous fûmes saisies par la peur, personne n'ayant pris le temps de nous dire ce qu'il se passait. Des sanglots et des pleurs silencieux parsemaient les rangs, mais la plupart des femmes gardaient le silence et ne disaient pas un mot. Nous attendions des instructions ou une annonce qui révélerait leur plan.

Puis les portes de la cour s'ouvrirent. Les gardes se mirent à séparer les femmes en deux groupes. Quand ils séparèrent les deux colonnes, des filles furent brutalement poussées d'un côté ou de l'autre. Certaines femmes, situées au point de séparation de la file, furent séparées de leurs amies. Elles essayèrent de passer d'un groupe à l'autre, mais les gardes commencèrent à les frapper et à les gifler, avant de les forcer à reculer. Heureusement, Lili, Halinka et moi ne nous trouvions pas au point de séparation, et fûmes en mesure de rester ensemble.

Une fois les deux groupes constitués, on nous ordonna de commencer à marcher à travers les portes du camp. Les Hongroises venaient d'un camp qui était tombé derrière les lignes soviétiques. Les Allemands les avaient emmenées dans notre camp pour qu'elles ne puissent pas être libérées ou raconter les horreurs qu'elles avaient vues. Maintenant, nous allions les rejoindre. Pendant de nombreuses semaines, nous avions cru que Grünberg tomberait bientôt sous le contrôle des Russes. Au fur et à mesure que cette réalité se concrétisait, nous espérions que nous serions peut-être libérées.

En passant le portail, nos cœurs se serrèrent : les Allemands allaient nous emmener avec eux lors de cette évacuation, afin que nous ne puissions pas raconter leur histoire meurtrière.

Lili, Halinka et moi nous tenions les mains en faisant nos premiers pas sur la neige. Où allions-nous ? Combien de temps cela prendrait-il ? Survivrions-nous ? Personne ne le savait. Pas même nos ravisseurs.

Tandis que Lili, Halinka et moi franchissions les portes de l'usine de tissage, je jetai un coup d'œil autour de moi et regardai les filles qui commençaient la marche. Nous étions 2 000 au total, divisées en deux groupes d'environ 1 000 filles. Une fois dans la rue, ils commencèrent à faire marcher les groupes dans des directions opposées. Notre groupe se dirigeait vers le sud-ouest et l'autre groupe vers le nord-ouest. Des femmes hongroises nous avaient raconté leur terrible épreuve lors de la marche vers Grünberg. Nous savions maintenant que nous allions devoir endurer la même chose. Elles avaient marché pendant huit jours sans quantité de nourriture suffisante, sans chaussures ni vêtements adéquats. Combien de temps allions-nous devoir marcher ? Et comment serions-nous traitées ? Si j'avais su les réponses à ces questions lorsque nous avions commencé la marche, je pense que je n'aurais pas pu continuer à avancer. Cela aurait été trop dur à supporter. Pour l'instant, je ne pouvais que m'accrocher à l'espoir de pouvoir tenir quelques jours comme les Hongroises lors de leur marche. Si ces filles avaient survécu, alors peut-être que je le pourrais aussi. Leur marche avait duré huit jours. Pour nous, les jours seraient des semaines.

DANS LE FROID : DE GRÜNBERG À BAUTZEN

JANVIER 1945

J'avais perdu la notion du temps. J'ignorais même quel jour de la semaine nous étions quand la marche débuta, mais selon les livres d'Histoire que j'ai pu parcourir au sujet de cette marche, nous avions quitté Grünberg le 29 janvier 1945.

Avant que la marche ne débute, on nous donna une couverture fine, un bol ainsi qu'une cuillère. Puis, ils nous distribuèrent une demi-miche de pain avec un peu de sucre. Nous étions loin d'avoir les vêtements adéquats pour affronter le froid glacial et la neige humide, mais pour la plupart d'entre nous, nous possédions au moins un change. Plutôt que de porter nos vêtements aux bras, nous décidâmes de tous les enfiler directement - afin que les différentes couches minimisent le froid. J'avais encore mes sabots en bois que m'avait donnés Mme Sporna. Beaucoup de femmes n'avaient pas de chaussures et s'étaient enveloppé les pieds dans des chiffons.

Le premier jour, nous avions marché 30 kilomètres. En chemin, les gardes ne s'étaient pas ménagés pour nous faire peur, s'assurant de nous faire savoir que toute tentative de fuite signifierait une mort subite. Les retardataires ne seraient pas non plus tolérées.

Peu de temps avant que la marche ne commence, une des filles s'évanouit. Ses amies essayèrent désespérément de l'aider à se relever pour qu'elle reprenne la marche. L'un des gardes se retourna, s'avança jusqu'à la fille qui était au sol et lui tira une balle à bout portant dans la tête. Ses amies hurlèrent d'effroi, mais le garde leur ordonna de continuer à avancer si elles ne voulaient pas mourir elles aussi. Nous nous mîmes de nouveau en marche, laissant le cadavre de la fille gésir sur le sol derrière nous.

Un peu plus tard, une autre fille s'arrêta pour recueillir un peu de neige dans son bol et ainsi étancher sa soif. Avant même qu'elle ne réussisse à porter le bol à ses lèvres, un garde surgit derrière elle et lui mit un coup de crosse derrière la tête. Elle tomba par terre. Puis, tout en la frappant, il lui ordonna en criant de se relever et de continuer à marcher. La fille se leva rapidement avant que le garde ne finisse par lui tirer dessus.

Deux jours plus tard, nous étions arrivées à Christianstadt, une ville où se trouvait un camp de travail servant d'usine de munitions. C'est là que nous fîmes une pause. Nous avions pu y rester toute la journée jusqu'au lendemain matin. Ce jour de repos fut très apprécié, mais il ne contribua pas à apaiser nos craintes.

Pendant la nuit, une douzaine de femmes s'étaient échappées. Le lendemain, la plupart d'entre elles avaient été attrapées et furent sévèrement battues. Celles qui n'étaient pas revenues avaient été abattues. Le message que transmettaient ces passages à tabac et ces meurtres était clair pour mes deux amies et moi : tenter de s'échapper était futile. Et même si nous réussissions, où irions-nous ? Je connaissais la peur et l'incertitude d'être en fuite, sans endroit fixe où se cacher. J'avais eu beaucoup de chance de survivre à cette cavale. Mais je savais que la chance finirait par s'épuiser. Et si nous échouions dans une évasion, cela signifierait très probablement un passage à tabac brutal ou une balle dans la tête. Nous en verrions beaucoup dans les semaines à venir.

Au vu de l'état pitoyable dans lequel nous étions, du manque de nourriture et de vêtements adéquats, nous savions qu'il était tout aussi dangereux pour nous de continuer à marcher. Aussi, Lili, Halinka et moi ne pouvions nous empêcher de penser à nous échapper. Chaque fois que nous nous arrêtions, nous examinions la zone et réfléchissions à la façon dont nous pourrions nous enfuir à ce moment-là. Nous cherchions n'importe quel endroit à proximité dans lequel nous cacher, d'une quelconque manière que ce soit. Nous calculions nos chances de passer inaperçues pendant que les autres continuaient de marcher. Nous savions que les Russes étaient tout près derrière. Peut-être que nous pourrions les trouver si nous parvenions à nous enfuir, et qu'ils nous protégeraient. Mais aucune occasion ne s'avéra suffisamment sûre pour nous donner le courage de nous lancer.

Nous passâmes donc deux nuits à Christianstadt. Le 2 février, la marche reprit. Certaines femmes du camp de travail furent forcées de rejoindre la marche. Il y eut plusieurs tentatives d'évasion au cours des jours suivants. À chaque fois, les filles étaient battues. Beaucoup d'entre elles avaient été violemment frappées, puis tuées.

Quelques jours après avoir quitté Christianstadt, la marche fut brutalement interrompue. On nous demanda de nous mettre au garde-à-vous. Nous entendîmes des cris et des hurlements provenant d'une forêt voisine tandis que plusieurs gardes SS émergeaient des arbres, traînant un groupe de femmes qui avaient tenté de s'échapper. Les femmes imploraient la pitié, mais leurs supplications ne furent pas entendues. Ils les firent s'aligner devant nous.

Le commandant de la marche s'approcha des femmes. J'ai appris plus tard après la guerre qu'il s'agissait du commandant Karl Herman Jäschke. Jäschke était un officier SS qui avait travaillé à Auschwitz. Il était particulièrement cruel et sadique. Après la guerre, il fut jugé et condamné pour ses crimes.

Jäschke s'avança et sortit son pistolet. Une par une, il leur tira une balle dans la tête tandis qu'elles pleuraient et qu'elles le suppliaient de les laisser en vie. Aucune émotion ne transparaissait sur son visage pendant qu'il tuait ces 14 filles. Ils n'eurent pas besoin de nous en dire plus à ce moment-là. L'avertissement que ces meurtres transmettaient était parfaitement clair.

Au cours des jours qui suivirent, il n'y eut plus de tentatives d'évasion. Le 7 février, nous atteignîmes la ville de Weisswasser. Cela faisait déjà dix jours que nous étions en marche, mais on aurait dit que cela faisait un mois ou plus. Nous étions si fatiguées et avions si froid. Nous n'enlevions jamais nos vêtements quand venait l'heure de dormir, car il faisait toujours trop froid. Nous dormions donc avec, ce qui les rendait de plus en plus sales. Assez rapidement, une invasion de poux fit irruption. Nous savions quel danger planait à présent au-dessus de nos têtes : le typhus. Un danger supplémentaire menaçait notre survie.

Deux jours plus tard, nous arrivâmes dans la ville de Bautzen, où nous vécûmes une confrontation des plus effrayantes avec ces assassins sanguinaires.

L'EXÉCUTION DE BAUTZEN
FÉVRIER 1945

Le temps s'écoule de façon régulière, constante et cohérente. Nous savons que les secondes, les minutes, les heures et les jours sont mesurés avec précision. De tous temps, les humains ont étudié le soleil, la lune, les étoiles et créé des calendriers précis afin de nous préparer aux changements de saisons. Il existe, toutefois, des circonstances qui déforment le cours du temps. Certains événements dans nos vies peuvent bouleverser la division rigide entre passé, présent et futur. Au cours de l'hiver 1945, le temps semblait souvent ralentir presque jusqu'à l'arrêt complet. À d'autres moments, il passait aussi vite que les vents hurlants qui nous frappaient pendant que nous marchions.

Pendant combien de jours avions-nous marché ? J'avais cessé de compter bien avant notre arrivée à Bautzen. Cela n'avait plus d'importance à présent. Je ne pouvais penser qu'au moment présent, et à comment survivre. Malgré tout, je n'arrêtais pas de m'interroger sur le nombre de jours de marche qu'il nous restait. Comment de temps pourrais-je survivre en ayant si faim et si froid ?

De nombreuses filles étaient déjà mortes ou avaient été assassinées. Beaucoup d'autres connaîtraient le même sort. En fait, la plupart d'entre elles. Nous étions des femmes et des jeunes filles fragiles. Le plus fort des hommes, face à des conditions de vie aussi horribles, n'aurait pas pu mieux s'en sortir. Il arrivait souvent qu'un vent fort et acerbe se mêle aux chutes de neige. Nous avions très peu de nourriture et chaque jour qui passait ne faisait qu'user nos vêtements un peu plus. Les nuits étaient longues, effrayantes. Presque chaque matin, au réveil, nous constations le décès de nouvelles filles, mortes durant leur sommeil.

Heureusement, la plupart du temps, nous passions nos nuits dans une grange ou d'autres sortes de bâtiments réquisitionnés par nos ravisseurs pour nous y abriter. Une nuit, nous avions dormi dans une église bombardée. Bien entendu, la plupart de ces abris n'étaient pas faits pour nous protéger des vents d'hiver. Aucun arrangement n'avait été mis en place pour nous aider à nous réchauffer. Nous étions plusieurs centaines de femmes et, souvent, nous n'avions d'autre choix que de nous endormir en nous serrant les unes contre les autres - ces bâtiments étant tout juste assez grands pour nous accueillir toutes. Mais c'est probablement cette proximité extrême qui nous a empêchées de mourir de froid. Lili, Halinka et moi nous serrions généralement les unes contre les autres pour nous réchauffer.

Quelques Hongroises de notre groupe recevaient un traitement différent du nôtre. Elles ne dormaient jamais dehors, et ne souffraient pas de la faim comme nous autres. Elles avaient vendu leur âme aux SS qu'elles accompagnaient, et qui recevaient d'elles une compagnie féminine en échange. Nous leur en voulions et ne comprenions pas comment elles pouvaient faire une telle chose. Mais aujourd'hui, quand je regarde en arrière, je ne porte plus de jugement à leur égard. Dans les moments désespérés, la détresse s'installe facilement et l'instinct de survie prend le dessus. Comme ces juifs qui servaient le Judenrat, ces organisations envoyées dans chaque ville et village de Pologne par les nazis pour les aider dans leur gestion des juifs. Parmi les membres du Judenrat, certains faisaient de leur mieux pour atténuer les effets des mauvais traitements réservés à leurs communautés. Néanmoins, de nombreuses histoires racontent aussi la situation inverse de ceux qui ont profité de leur position afin d'assurer bien plus que leur survie. Certains étaient corrompus et étaient à la recherche de gains financiers. Cependant, la plupart d'entre eux devinrent également des victimes et c'est cet aspect-là qui mérite le plus de critiques, plutôt que leur cupidité ou leur désir d'auto-préservation.

De nombreuses filles avaient perdu leur instinct de survie. Je me rappelle en voir quelques-unes s'effondrer de fatigue ou tomber à genoux de faim et d'épuisement. D'autres avaient des engelures ou les pieds tellement ensanglantés que la douleur leur ôtait tout désir de continuer à marcher. Quand cela se produisait, leur sort était scellé. Je ne pouvais pas me retourner quand j'entendais retentir les coups de feu abattant toute personne à l'arrêt. Cela faisait partie de notre quotidien.

Parfois, certaines filles tentaient de s'enfuir ou de se cacher. Quand nos ravisseurs se rendaient compte de leur absence, nous devions toutes nous arrêter et ils nous hurlaient dessus pour que nous leur révélions où elles étaient parties. La plupart du temps, personne ne répondait, principalement parce que personne ne savait. Cela les énervait encore plus. Parfois, dans de tels moments, ils choisissaient une fille au hasard et la rouaient de coups sévèrement, ou encore, la tuaient.

Lili, Halinka et moi continuions de penser à nous enfuir. L'Armée soviétique était juste derrière nous. Nous pouvions entendre les combats et les bombardements au loin. Nous aperçûmes aussi des Allemands et des Polonais fuyant les lignes de front et les batailles. Nous parlions suffisamment bien l'allemand et le polonais pour penser que nous pourrions nous fondre parmi eux en prétendant être des réfugiées. Mais la peur et l'appréhension d'être en fuite persistaient en moi. Je pensais, au vu de mes expériences précédentes, que nous serions très probablement découvertes. Pour l'heure, il nous sembla plus sage de rester dans les rangs, faire ce que l'on nous demandait de faire, tout en faisant en sorte de ne pas attirer l'attention sur nous. Toutefois, l'idée de s'éloigner de cet enfer dès que possible était trop séduisante. À chaque arrêt, nous cherchions de potentiels endroits pour nous cacher ou nous enfuir.

Cette nuit à Bautzen, nous avions dormi dans un vaste entrepôt désaffecté. Le matin, on nous appela à sortir du bâtiment pour rejoindre la cour. Pour notre plus grande surprise, un chariot rempli de miches de pain nous y attendait. Une fois alignées en plusieurs rangées, nous défilâmes devant le chariot les unes après les autres pour recevoir une miche entière chacune.

Nous étions surprises, mais heureuses, qu'ils nous donnent autant de pain en une seule fois. Notre joie n'allait pas durer longtemps.

Une fois de retour dans le bâtiment, les gardes se mirent à hurler, nous ordonnant de revenir dans la cour. Ils nous placèrent en rang par cinq, avant de faire l'appel. Après cela, Jäschke apparut devant nous. Il nous indiqua que des miches de pain manquaient et exigea de savoir qui en avait pris plus que sa part. Personne ne répondit. Il continua à crier, nous menaçant de nous laisser dehors toute la nuit si personne ne lui avouait ce qui était arrivé aux miches. Malgré cela, toutes les filles gardaient le silence. Jäschke était de plus en plus furieux. Sa solution pour répondre à sa colère et obtenir l'information qu'il voulait allait nous choquer et nous terrifier.

Jäschke ordonna aux gardes de nous compter et de sélectionner chaque dixième personne d'une rangée. Chacune d'entre elles fut sortie des rangs pour constituer un groupe de filles à part. Plusieurs gardes les encerclèrent et les conduisirent dans la forêt voisine. Une fois qu'ils étaient partis, d'autres gardes approchèrent et sélectionnèrent d'autres filles pour qu'elles les suivent. L'une d'entre elles était mon amie Lili. J'avais très peur pour elle. Nos regards se croisèrent avant qu'elle ne fut conduite dans les bois. Sans échanger un mot, nous pouvions lire sur le visage l'une de l'autre que c'était peut-être la dernière fois que nous nous voyions.

À présent, les filles avaient disparu de notre champ de vision. Nous restâmes là, dans l'air froid, immobiles et silencieuses. La douleur de l'attente dans cette incertitude rendait l'air encore plus froid. Soudain, nous entendîmes des coups de feu en provenance des bois. À chaque coup, je frissonnais. Ma chère Lili, pensai-je. Est-ce que je t'ai perdue ? Je t'en prie, reviens.

Les coups de feu finirent par cesser. Nous attendions en rang, sans piper mot. Le seul bruit que nous entendions était celui des sanglots que notre groupe tentait de ravaler. Quelque temps après, nous fûmes autorisées à retourner dans le bâtiment. J'essayais de me faire à l'idée du départ de Lili. Halinka et moi nous assîmes l'une à côté de l'autre, sans échanger un mot.

Les heures passaient jusqu'à ce que la nuit tombe. Nous étions maintenant convaincues que Lili était morte. Mais un miracle se produisit. En levant les yeux, nous vîmes Lili qui arrivait vers nous. Elle apportait deux miches de pain avec elle et s'assit à côté de nous. Elle coupa une miche en trois morceaux et nous en donna un à chacune. Traumatisée par ce qu'elle venait de vivre, Lili réussit malgré tout à nous raconter ce qu'il venait de se passer. Les premières filles sélectionnées avaient été abattues de sang froid, tandis que le second groupe fut chargé de les déshabiller et de les enterrer. Pour son travail, Lili reçut une miche de pain supplémentaire. Nous mangeâmes le pain lentement, mais notre faim était telle et avait duré si longtemps que nous ne pûmes nous empêcher d'engloutir les morceaux de pain supplémentaires à toute vitesse. Si nous n'exprimâmes aucune émotion en mangeant, je ne pus toutefois m'empêcher de penser que le pain que nous étions en train de manger était un "pain de sang".

SUR LE PONT DE DRESDE
FÉVRIER 1945

Le "pain de sang" avait rempli nos estomacs, sans toutefois nous satisfaire. Émotionnellement aussi, nous étions affamées. Aucune de nous trois ne pouvait parler de l'exécution de masse qui avait eu lieu dans la forêt. J'ignore combien de filles ont été tuées. Des dizaines, probablement. Je repensais au fait que j'aurais très bien pu être l'une d'entre elles.

La culpabilité commençait à me ronger. Pourquoi avais-je survécu et pas les autres ? Aussitôt la culpabilité arrivée, l'envie la remplaça. Peut-être qu'il aurait été mieux d'avoir été choisie et emmenée dans la forêt, afin d'en finir une bonne fois pour toutes. Elles étaient chanceuses. Plus de souffrance ni de misère pour elles. Ayant survécu, je suis aujourd'hui incroyablement reconnaissante d'avoir été épargnée. Mais sur le moment, quelques heures à peine après cet acte horriblement odieux, il était plus simple de préférer la mort à la douleur de continuer à marcher.

Nous avions dévoré le pain. Lili frissonnait tout en se souvenant des visages de ces filles qu'elle avait forcé à se déshabiller et à creuser leurs tombes, avant de les enterrer. Nous avions mangé dans un silence sinistre, nos visages dénués de toute émotion. Nous ne pouvions plus rien ressentir. Nous étions abattues. Nous étions lentement vidées de notre humanité, comme le sang d'une blessure ouverte. Ils nous avaient tout pris - nos moyens de subsistance, nos chez-nous, nos familles. À présent, ils nous prenaient aussi nos cœurs et nos âmes. La scène de Bautzen était gravée dans nos esprits - elle y resterait prisonnière à tout jamais. On n'en reparla plus jamais.

Le jour suivant, nous étions de nouveau sur la route. Nous étions en plein mois de février 1945, peut-être le 11 ou le 12, je ne sais plus. Tout ce dont je me souviens aujourd'hui, c'est d'une date approximative, à cause des événements dont nous allions être témoins dans les jours qui suivirent. Sur la route, nous commençâmes à apercevoir les panneaux indiquant la direction et la distance jusqu'à la ville de Dresde. Quiconque connaît l'histoire de la Seconde Guerre mondiale sait que le 13 février 1945 est un triste jour pour cette ville.

Bautzen se trouvait à 65 kilomètres de Dresde. Le temps était plus doux, presque printanier. Ce répit vis-à-vis de l'hiver glacial que nous venions d'affronter, était bienvenu. En arrivant en périphérie de la ville, nous pouvions voir de la fumée planer au-dessus du centre-ville. Les prémices de la destruction complète de Dresde avaient commencé la veille, en plein milieu de la nuit. Ce à quoi nous allions assister à notre arrivée allait nous laisser sans voix.

Nous nous approchions de la périphérie de la ville, constatant qu'il y avait de la fumée et des flammes partout. Les bâtiments étaient en ruines. Des morceaux de béton et d'acier tordus formaient d'étranges sculptures dans les rues. Soudain, les sirènes d'un raid aérien commencèrent à retentir de plusieurs directions. Peu de temps après, nous entendîmes le bourdonnement de centaines d'avions. Celui-ci devenait de plus en plus fort jusqu'à devenir un grondement assourdissant au moment où nous arrivâmes en ville. Le ciel était maintenant entièrement recouvert de nuages. Nous ne pouvions plus voir les avions, mais le bruit qu'ils faisaient nous assourdissait. Puis on entendit le sifflement des bombes s'écrasant au sol. Des explosions commencèrent à retentir tout autour de nous. La terre tremblait violemment. Pendant ce temps, nous devions continuer à avancer.

Les flammes s'élevaient maintenant dans l'horizon de la ville. Les bâtiments s'effondraient sous nos yeux. Il y avait quelque chose de surnaturel dans cette scène : les rues étaient complètement vides. Tous les habitants s'étaient mis à l'abri. Nous marchâmes à travers les rues désertes jusqu'au centre-ville et arrivâmes sur l'un des principaux ponts traversant l'Elbe. Les gardes SS nous forcèrent à traverser le pont, après quoi ils s'éloignèrent pour s'abriter le long de la rive et attendre. Ils savaient que les ponts de la ville seraient une cible prioritaire et nous avaient laissées là en espérant que les bombes achèveraient leur tâche meurtrière.

Ils pensaient peut-être que si les bombes ne nous tuaient pas, elles nous terrifieraient à mort. Mais ce fut tout le contraire. Spontanément, chacune des filles se mit à pousser des cris d'encouragement. Ce cri de joie me surprit. Mais j'avais ressenti la même chose et ne pus me contenir. J'étais surprise qu'autant de mes camarades l'éprouvent aussi. Une telle joie était ironique et irrationnelle. Pourquoi la ressentions-nous ?

Étonnamment, ce n'était pas par vengeance. Bien que cela aurait pu être justifié, en voyant la destruction d'une des grandes villes allemandes du Troisième Reich, de penser que, maintenant, ils goûteraient un petit peu à l'horreur que nous avions vécue. Pour la plupart d'entre nous, cela n'effleura même pas notre esprit. Nos acclamations provenaient plutôt de l'idée selon laquelle notre épreuve pourrait bientôt arriver à son terme. Et, non pas parce que nous pensions que c'était la défaite de nos ravisseurs : notre joie venait du fait que nous espérions que les bombes nous frapperaient et mettraient fin à notre misère. Une mort rapide serait préférable à la torture agonisante que constituait cette marche.

Nous étions restées sur le pont pendant ce qui nous apparut comme des heures, alors qu'en réalité, il ne s'agissait que de quelques minutes. La pluie de bombes continuait de s'abattre avec une intensité décuplée. Le pont tremblait en permanence, tandis que nous restions immobiles. Au bout d'un moment, le bruit des avions s'atténua et les bombardements cessèrent. Les gardes SS sortirent de leur abri et nous nous mîmes de nouveau en route.

Pourquoi ne nous avaient-ils pas abandonnées là-bas, nous laissant mourir dans le chaos de la destruction ? Je l'ignore. En effet, toute cette marche n'avait aucun sens tactique pour eux. Ils risquaient plus en restant avec nous et en nous poussant à continuer. Je suis convaincue maintenant qu'ils n'avaient pas de plan. Ils ont probablement commencé avec une destination en tête, mais au bout du compte, notre trajectoire s'avérait sinueuse et n'avait ni queue ni tête.

En regardant aujourd'hui en arrière, après toutes ces années, j'ai une théorie. Je crois que nous étions devenues une excuse permettant à ces soldats d'échapper au combat. Ils avaient reçu l'ordre de nous emmener loin des camps pour cacher les atrocités qui y avaient pris place. Si cet ordre était levé, le prochain les enverrait directement vers les lignes de front de la guerre. Nous étions leur plan d'évasion. Sans le vouloir, ils avaient couru tout droit vers le cœur de la guerre.

Ce jour-là, à Dresde, je suis sûre qu'ils voulaient que nous soyons tuées sur le pont. Comme cela ne s'était pas produit, ils avaient décidé de continuer à nous faire avancer. Ils avaient peut-être conclu que les avions américains et britanniques savaient que celles d'entre nous qui se tenaient sur le pont n'étaient pas l'ennemi et qu'ils devaient éviter de le prendre pour cible. Dès qu'il y eut une pause dans les bombardements, ils virent une occasion de sortir de la ville et de se mettre à l'abri.

Nous continuâmes notre chemin jusque au sud de la périphérie de Dresde. Les décombres dans les rues faisaient de chacun de nos pas une course d'obstacles. La fumée était si épaisse qu'il était difficile de respirer. Les SS nous poussaient en essayant d'augmenter notre cadence. Quelques minutes après avoir traversé le pont, de nouvelles sirènes de raid aérien retentirent et, une fois de plus, le bruit des avions commença à rugir au-dessus de nos têtes. D'autres bombes commencèrent à tomber et les explosions firent exploser nos oreilles.

Plusieurs bombes s'écrasèrent très près de nous. L'impact nous fit presque tomber. Nous nous retournâmes et vîmes que le pont que nous venions tout juste de traverser avait été détruit. Si nous avions attendu quelques minutes de plus, ce sort funeste qu'à la fois nos ravisseurs et nous-mêmes espérions serait advenu.

L'ENFER D'HELMBRECHT
FÉVRIER 1945

Les bombardements et la tempête de feu ayant eu lieu à Dresde avaient été de véritables montagnes russes émotionnelles. Nous avions applaudi en voyant les bombes tomber, pensant qu'elles mettraient bientôt fin à notre misère. Nous avions espéré que le raid aérien eût également été fatal à nos ravisseurs. Aucun de ces espoirs ne fut exaucé. Les gardes SS étaient toujours avec nous et nous firent sortir de la ville sans que personne ne meure.

Depuis Dresde, nous continuâmes vers le sud-ouest. Nous étions toutes de plus en plus faibles et épuisées. Les maladies se propageaient rapidement. Nous étions infestées de poux, tandis que la typhoïde et la dysenterie étaient devenues prédominantes. De nombreuses femmes pouvaient à peine marcher. De crainte d'être abattues si elles ne continuaient pas la marche, elles luttaient. Beaucoup de filles passaient leurs bras autour de la taille de celles qui peinaient à avancer pour les aider à aller de l'avant. Celles qui ne pouvaient rester debout étaient trainées au sol par leurs amies. Sans aide et esseulées, ces femmes auraient été abattues ou laissées pour mortes sur la route.

Malgré cela, notre rythme de marche ne ralentit pas. Ils continuaient de nous faire avancer sans pitié. Au cours des trois premières semaines, nous avions marché de Grünberg jusqu'à Dresde, soit un trajet de près de 200 kilomètres. Nous allions parcourir une distance similaire les trois semaines suivantes. Mon souvenir de ces semaines est très trouble car chaque jour ressemblait tellement à celui qui le précédait. Nous traversâmes la Saxe, village après village, chacun d'entre eux ressemblant exactement au précédent.

J'étais absolument incapable de me souvenir des noms de ces petits villages, mais j'ai toujours en mémoire quelques scènes de certains de ces endroits où nous nous sommes arrêtés. Bizarrement, ce n'était ni les panneaux de signalisation, ni les bâtiments, ni tout autre point de repère dont je me souvenais, mais de la nourriture que l'on nous y servait à la fin de chaque journée. En effet, ces endroits se distinguaient par l'aspect de la soupe, la quantité de pain que l'on nous donnait ou encore l'absence totale de repas.

Le temps était redevenu froid et neigeux lors de ce trajet. Une fois de plus, la nature s'était alliée à la cruauté de nos ravisseurs. J'étais chanceuse d'avoir des chaussures. Je revois encore les orteils noirs, gelés, de certaines femmes. Je me souviens avoir vu plusieurs fois des femmes quitter les rangs pour ramasser de la neige et étancher leur soif. La réaction immédiate des gardes était de leur asséner des coups de matraque et, tout en les frappant, de leur ordonner de se remettre en rang. Des filles mouraient tous les jours et notre effectif diminuait à vue d'œil.

Vers le début du mois de mars, nous atteignîmes la ville d'Oelsnitz. Je me souviens de cette ville, non pas pour la nourriture, mais parce que de nombreuses filles très malades avaient été emmenées dans un camion pendant que nous y étions. Où sont-elles allées ? Ça, je n'en ai aucune idée. Ce dont je suis presque sûre, c'est que ce n'était pas dans un hôpital. Nous ne les avons jamais revues. J'ignore d'ailleurs si certaines d'entre elles ont survécu.

Le lendemain de notre arrivée à Oelsnitz, nous étions de nouveau en route. Notre prochain arrêt constituerait l'épisode le plus horrible de cette marche. Et il durerait pendant un temps atrocement long. Quelques jours plus tard, nous arrivâmes dans la ville d'Helmbrecht. On nous conduisit dans une usine de munitions en dehors de la ville qui était également un camp de concentration pour ouvrières slaves. Aucune d'entre elles n'était juive. Il s'agissait principalement de Slaves d'Europe de l'Est. Le camp comptait aussi quelques prisonniers politiques, certains étaient français et il y avait même des Allemands.

À notre arrivée, nous étions soulagées de voir que, même s'il s'agissait d'un camp de concentration, il n'y avait apparemment ni four ni chambre à gaz. Notre soulagement cessa au fur et à mesure que l'on apprit à connaître notre nouveau commandant. Nous étions heureuses que Jäschke, le commandant qui nous avait accompagnées tout au long de la marche, nous quitte pour de bon. Toutefois, notre nouveau suzerain, Alois Dörr, était tout aussi inhumain et saisissait n'importe quelle "infraction" pour nous torturer.

Immédiatement après notre arrivée, on nous déshabilla intégralement et on nous prit nos vêtements. Ils s'emparèrent de tous nos biens, ne nous laissant que nos chaussures. Malheureusement, j'avais perdu depuis longtemps la boîte de photos que j'avais trouvée dans notre maison à Częstochowa. Mais, j'avais réussi à en conserver une petite de ma mère et moi. Je l'avais pliée en quatre et l'avais glissée au fond de ma chaussure. Je l'ai toujours en ma possession : il s'agit de la seule photo que j'ai de ma famille aujourd'hui. Je sais à présent que ces êtres cruels ne voulaient même pas que nous gardions des photos de ceux qui nous étaient chers.

Une des filles avait réussi à en garder plusieurs au moment où l'on nous dépouilla de toutes nos affaires. Quelques jours plus tard, elle s'était éclipsée derrière les baraquements pour regarder ses photos un moment, quand une détenue non-juive la surprit. Les gardiens en furent informés et s'empressèrent d'aller la chercher. Ils lui rasèrent la tête et la forcèrent à rester dehors dans le froid pendant 24 heures. Régulièrement, ils revenaient pour l'arroser d'eau et ainsi rendre le froid encore plus atroce. Comment des êtres humains avaient-ils pu devenir des animaux aussi barbares ? Elle ne cachait ni argent ni or. Elle ne cachait ni bijoux ni nourriture. Elle ne cachait pas d'armes. Tout ce qu'elle voulait, c'était garder ces précieuses images de sa famille !

Tant bien que mal, cette femme survécut à cette épreuve et à la marche, puis fit le choix d'émigrer en Amérique. Même si je connaissais la punition qui aurait pu m'être infligée pour avoir garder ces photos, j'étais déterminée à ne pas m'en séparer. J'avais tenté ma chance et, heureusement, n'avais jamais été démasquée.

À notre arrivée dans ce nouveau camp, nous étions restées nues dans le froid, nous demandant si on nous rendrait un jour nos vêtements. Au départ, nous ignorions pourquoi ils nous avaient été retirés. Nous avions été contraintes de rester là, dehors, pendant des heures. Essayaient-ils de nous faire mourir de froid ? Plus tard dans la journée, ils nous apportèrent quelques vêtements, pas les nôtres, juste quelques fripes qu'ils avaient amassées. On apprit quelque temps après qu'ils avaient fait bouillir et désinfecté nos vêtements pour les débarrasser des poux et autres germes. Mais ils ne nous les rendirent jamais. Au lieu de cela, ils nous apportèrent ces haillons mal coupés, récupérés on ne sait trop où. Ces vêtements avaient dû être bouillis et désinfectés eux aussi, car au moment de les enfiler, ceux-ci étaient toujours mouillés. Nous avions été obligées de porter des vêtements trempés dans un froid glacial.

Nous avions été divisées en deux groupes et mises dans différents baraquements. Certaines femmes qui étaient tombées malades furent envoyées à l'infirmerie. On apprit qu'elles n'y reçurent aucun traitement - ni médicament, ni soin pour leurs plaies, ni nourriture supplémentaire. Elles étaient uniquement isolées du reste du groupe pour éviter que leurs maladies ne se propagent.

Les baraquements qui nous avaient été assignés n'avaient ni lits superposés ni plancher : il n'y avait que de la terre, maigrement recouverte de paille. Il n'y avait ni chauffage, ni toilettes, ni autre équipement. La nuit, les portes des baraquements étaient verrouillées pour que nous ne puissions pas nous enfuir. Aux portes des bâtiments se trouvaient deux seaux dans lesquels nous pouvions nous soulager. Seulement deux seaux pour plusieurs centaines de femmes. Il n'est pas difficile d'imaginer la saleté et la puanteur qui résultaient de cette situation. Et, en plus de cela, de nombreuses filles avaient contracté la dysenterie. Pour couronner le tout, quand les gardes arrivaient le matin et voyaient le désordre que nos excréments avaient engendré, ils s'en prenaient à nous, nous frappant de colère et nous affublant des noms les plus infâmes qu'ils pouvaient trouver.

C'est dans le camp d'Helmbrecht que la nourriture que l'on nous servait était la pire. Certains jours, on ne nous donnait rien à manger. Et, quand nous en recevions, les portions étaient très maigres. Généralement, on nous donnait de la soupe, mais cela ressemblait plus à de l'eau de vaisselle sale. En fait, cela ne m'aurait pas surprise si cela avait été le cas. Si nous étions chanceuses, quelques morceaux de chou flottaient à la surface. Nous ne recevions pas de pain tous les jours, mais quand c'était le cas, le morceau était si petit qu'il ne faisait rien pour soulager notre faim.

Chaque jour, ils nous faisaient faire l'appel à trois moments différents. Ils faisaient durer l'appel le plus longtemps possible pour ajouter à notre torture. Parfois, ces appels duraient plus de deux heures. Il fallait rester parfaitement immobiles et silencieuses, quel que soit le temps. Ces appels arrivaient de manière sporadique et à des moments différents de ceux des détenues non-juives. Le seul avantage d'être ici, c'est qu'on ne nous faisait pas travailler.

Nous étions heureuses de ne pas avoir à travailler, mais le fait de devoir attendre dans une telle incertitude était presque tout aussi douloureux - du moins, mentalement et émotionnellement. Nous ne savions jamais quand viendrait la prochaine tentative pour nous briser davantage. Plus d'une fois, ils nous firent rester debout dans les baraquements en nous faisant couler de l'eau glacée depuis les chevrons au-dessus de nous.

Tous les matins, des femmes étaient retrouvées mortes dans leur sommeil. Et tous les matins, ils utilisaient des brouettes grinçantes pour venir chercher leurs cadavres. Certains jours, il y en avait beaucoup. D'autres, juste quelques-unes. Mais nous perdions des filles chaque jour.

Le camp était entouré de hautes clôtures sur lesquelles étaient tendus des fils de fer barbelés. Une clôture électrifiée se situait en parallèle, juste à l'intérieur des clôtures principales. J'ai toujours trouvé ironique le fait que, bien que les seules détenues ici étaient des femmes faibles, malades et épuisées, le camp semblait construit comme une forteresse adaptée aux hommes les plus forts.

Nous passerions près de cinq semaines dans ce camp. Toutes les survivantes que j'ai connues s'accordent à dire que c'était la pire partie de notre épreuve - "cinq semaines d'enfer", comme l'une d'entre elles le dit. Jour après jour, nous étions humiliées et déshumanisées. Nous attendions de mourir, et nous suppliions le ciel de nous laisser mourir. Ce souhait se réalisa pour beaucoup d'entre nous.

Un jour, après plusieurs semaines ici, on entendit des avions au loin. Nous nous précipitâmes à l'extérieur pour les voir. Le vrombissement s'intensifia de plus en plus et, rapidement, ils apparurent au-dessus de nos têtes. C'étaient des avions américains ! Une fois de plus, comme à Dresde, on se mit à applaudir en attendant que les bombes s'abattent. Nous pensions, s'il-vous-plaît, détruisez cet endroit de malheur ! Réduisez-le à néant. Et nous avec ! Mais aucune tombe ne fut lâchée. Les avions traversèrent le ciel très vite, avant de disparaître. Nous étions déçues que notre misère n'ait pas pris fin, mais nous savions que les Alliés approchaient et que cette histoire d'horreur cesserait bientôt.

Quelques jours plus tard, un nouvel escadron d'avions alliés réapparut. Une fois de plus, nous nous précipitâmes à l'extérieur pour applaudir. Pour notre plus grande surprise, nous les vîmes commencer à larguer quelque chose pendant leur survol. Mais ce n'était clairement pas des bombes. Au-dessus de nous, il y avait des milliers et des milliers de prospectus. Ils tombèrent à terre comme des oiseaux à la dérive dans le vent. Nous attendions qu'ils nous atteignent, mais les gardes nous forcèrent rapidement à rentrer dans les baraquements et verrouillèrent la porte avant qu'ils ne touchent le sol. Je pense que quelques filles ont fini par en trouver certains. Mais elles ne pouvaient pas comprendre l'anglais dans lequel ils étaient écrits. Nous ne savions pas ce qu'ils essayaient de communiquer dans ce message. Mais nous nous réjouissions que cela ait semé la panique chez nos ravisseurs. Dans quelques jours, nous serions à nouveau en mouvement. Loin de cet enfer, mais qu'est-ce qui nous attendait de l'autre côté ?

LA MARCHE REPREND - NEUHAUSEN
FÉVRIER 1945

Nous savions que les forces américaines étaient proches. Et, bien entendu, nos ravisseurs le savaient aussi. Le jour était finalement venu pour nous de partir, mais cette fois, il n'y avait pas que nous. Le camp tout entier était évacué. Les soldats alliés n'allaient pas tarder à envahir le camp.

Les gardes nous avaient ramené les vêtements qu'ils nous avaient confisqués à notre arrivée. Cela me parut étrange. Pourquoi nous les avaient-ils confisqués aussi longtemps ? Sûrement pour nous humilier un peu plus. Ceux que nous avions portés au cours de ces cinq dernières semaines ne nous allaient pas et nous donnaient un air ridicule. Certaines pensaient que c'était le signe qu'ils commençaient à craindre ce que le fait de nous voir dans de tels accoutrements inspirerait aux Américains s'ils envahissaient le camp. Je l'ignore, mais c'était bon de retrouver mes vêtements, même s'ils étaient en lambeaux. Au moins, ils étaient de nouveau propres.

On nous fit nous aligner dans la cour pour faire l'appel. Je remarquai que celui-ci était bien plus rapide que ceux que nous faisions au début de la marche. J'ignore combien nous étions à présent, mais nous étions passées de 1 000 à quelques centaines seulement.

Une fois l'appel terminé, le commandant Dörr vint nous faire une annonce. Il nous informa du fait que le plus grand ennemi d'Adolf Hitler - Franklin D. Roosevelt, le président des États-Unis - était mort. Il indiqua ensuite avec insistance que ce sort serait celui que connaîtraient tous les ennemis du Führer. Je suis sûre qu'il nous incluait dans ce groupe. Les membres du camp nous rejoignirent rapidement. Le portail s'ouvrit et nous nous mîmes en marche sous la pluie, sous les ordres du commandant.

Lili, Halinka et moi essayions de nous réconforter les unes les autres. Nous n'étions qu'à une heure du campement, quand un coup de feu retentit derrière nous. Une des filles ne pouvait continuer à marcher et venait d'être abattue par un garde alors qu'elle était à terre. Son corps fut laissé sur la route, et nous continuâmes la marche. "Restez fortes, n'abandonnez pas," disai-je à mes deux amies. "Maintenant que les Américains sont proches, nous devons survivre."

Peu de temps après, deux autres filles tombèrent au sol. Un garde SS les interpella en criant et, puisqu'elles ne lui répondirent pas, il les emmena dans une forêt voisine. Quelques secondes plus tard, on entendit deux coups de feu. Un peu plus loin, deux nouvelles détenues venaient d'être abattues pour être tombées par terre. Lili, Halinka et moi étions déterminées à nous entraider. Mais Halinka flanchait. Elle avait beaucoup plus de mal que nous deux à continuer. J'étais inquiète parce qu'elle ne disait plus rien.

La logique que ces assassins suivaient pour déterminer qui vivrait et qui mourait était imprévisible. Bien entendu, il est impossible d'attendre de la logique, à proprement parler, de la part de fous. Le jour où nous quittâmes Helmbrecht, le nombre de filles malades restant à "l'infirmerie" avait considérablement diminué puisque beaucoup y avaient perdu la vie. Nous pensions qu'elles allaient être laissées pour mortes au camp. Au lieu de cela, afin d'éviter qu'elles ne soient découvertes par les forces américaines ou que leur transport ne ralentisse la marche, le commandant s'arrangea pour qu'elles puissent être acheminées par camion dans une ville voisine. Il prit les dispositions nécessaires pour qu'un wagon tiré par un tracteur nous suive, permettant aux personnes tombées malades ou devenues trop faibles de continuer la marche. Malgré cela, les gardes se contentaient souvent d'abattre tout simplement celles qui ne pouvaient plus avancer. Pour nous, cela n'avait aucun sens.

Le temps continuait de se dégrader en ce premier jour de marche. Cette nuit-là, nous atteignîmes la ville de Schwarzenbach. Nous fûmes conduites dans une cour clôturée à la périphérie de la ville. Les détenues malades qui avaient été emmenées de Helmbrecht par camion étaient déjà là.

Nous passâmes la nuit dans la cour-même, en extérieur. Aucun effort ne fut déployé de leur part pour nous trouver un abri. Ils ne nous apportèrent pas non plus de nourriture, même pas aux filles qui étaient malades. Nous étions tenaillées par la faim et épuisées. La nuit se refroidissait de minute en minute.

Quelques heures après notre arrivée, les gardes se mirent à rassembler les femmes malades pour les embarquer. Qu'allait-il leur arriver ? Nous étions presque sûres qu'elles seraient exécutées. J'ignore combien elles étaient exactement. Quelques douzaines, à peu près. Les femmes furent emmenées, certaines d'entre elles étaient trop faibles pour pouvoir marcher, et finissaient traînées au sol sous nos yeux horrifiés. Nous fûmes soulagées d'apprendre ensuite que le maire de la ville s'était en fait arrangé pour les faire dormir dans un bâtiment voisin, à l'abri du mauvais temps.

Le lendemain matin, au réveil, des corps raides gisaient tout autour de nous sur le sol. La pluie tombée plus tôt dans la journée, le manque de nourriture et l'air glacial de la nuit avaient contribué à faire de cette nuit l'une des plus meurtrières de la marche.

Cette journée de marche commença le ventre vide. Depuis Helmbrecht, nous avions marché vers le sud-ouest, avant de nous diriger à présent vers la Tchécoslovaquie à l'est. Nous pouvions très clairement voir que nous étions proches des montagnes. La route deviendrait rapidement beaucoup plus raide et accidentée. Et le froid s'intensifierait.

Cette nuit-là, nous arrivâmes à Neuhausen. Sur la route, davantage de femmes qui s'étaient écroulées au sol ou qui ne pouvaient tout simplement plus avancer avaient été sauvagement abattues. Quelle était cette folie qui s'était emparée de ces assassins ? N'auraient-elles pas pu monter dans le wagon ? Une fois de plus, on nous fit dormir dehors, et rien ne nous avait été donné à manger depuis notre départ d'Helmbrecht. Si cela continuait, il ne fait aucun doute que nous périrons toutes.

Après la guerre, nous avons appris que, pendant que nous étions à Neuhausen, Dörr avait reçu l'ordre de ses supérieurs SS d'arrêter de tuer et de blesser les détenues qui subissaient la marche. L'ordre qui avait été envoyé le prévenait que les Américains se trouvaient tout près derrière lui et qu'ils le rattraperaient bientôt. Il fut informé du fait que des négociations de trêve avaient lieu et qu'il devait se préparer à nous libérer pour que les Américains puissent nous prendre sous leurs ailes. Il reçut également l'ordre de détruire tous les documents en lien avec son camp de concentration.

Dörr ignora ces ordres.

LE VENTRE VIDE JUSQU'EN TCHÉCOSLOVAQUIE
MARS 1945

Il n'est pas simple d'expliquer la folie de cette marche. Sa nature profondément mauvaise, ainsi que les centaines de meurtres commis tout au long de cette dernière, suffisent pour en condamner la folie et la psychopathie. Il semblait n'y avoir aucune raison valable, qu'elle soit militaire ou politique. Pourquoi ces soldats SS aguerris nous forceraient-ils à participer à une marche qui, potentiellement, pourrait leur causer préjudice ? Pourquoi Dörr refusait-il finalement de suivre les ordres ? En réalisant combien les Américains étaient proches et à quel point la guerre se déroulait mal pour les Allemands, ma théorie semblait de plus en plus plausible. C'était leur plan pour éviter d'être envoyés au front, qui se rapprochait d'heure en heure.

Ils n'avaient pas hésité une seule seconde à tuer certaines d'entre nous. Pourquoi ne pas nous tuer toutes et ainsi en finir ? Cela aurait été la chose la plus simple et la plus évidente à faire pour eux. Même s'ils continuaient de se nourrir et qu'ils se gardaient au chaud, la marche n'était pas simple pour eux non plus. Il faisait froid et humide la plupart du temps. Et une grande partie de la route était escarpée. Et, étant donné qu'ils avaient choisi de passer par des routes moins fréquentées, afin d'éviter de devoir interagir avec les populations locales, les chemins étaient difficiles d'accès et en mauvais état. Si cette tâche avait pris fin, qu'auraient-ils eu d'autre à faire ? Les Allemands enrôlaient déjà des enfants pour prendre les armes au front. Si la marche prenait fin, il ne fait aucun doute que ces soldats y auraient été envoyés aussi.

Mais, la chance n'avait pas souri à tous les gardes au cours de cette marche. C'est ici, à Neuhausen, que certains gardes SS ont pu se restaurer. Après avoir désobéi aux ordres d'abandonner la marche, Dörr s'était dit qu'il valait mieux pour lui qu'il quitte Neuhausen le plus rapidement possible. Conscient que les forces alliées étaient très proches, il donna l'ordre de poursuivre la marche le soir même, sous couvert de l'obscurité. Alors que nous nous préparions pour reprendre la marche, le chaos s'installa. Un groupe de gardiennes SS profita de la situation pour s'éclipser dans la nuit. Quelques détenues tirent également parti de la confusion ambiante et s'échappèrent dans une forêt voisine. Des témoignages d'après-guerre indiquent qu'une cinquantaine de détenus juifs avaient tenté de fuir, et que seuls sept d'entre eux avaient fini par être rattrapés.

Nous autres, qui étions trop malades et trop affaiblies pour tenter de fuir, ou simplement trop effrayées pour le faire, reprîmes notre marche à travers la nuit sombre et glaciale. Je ne parviens toujours pas à comprendre comment nous avions fait pour survivre à cette nuit, trébuchant aveuglément sur la route, tant nous étions faibles et affamées. Cela faisait plusieurs jours que nous n'avions pas mangé. Nous n'avions pas dormi la nuit précédente. Quand la lumière du petit matin finit par poindre, nous venions d'arriver dans un petit village nommé Neuenbrand. De là, nous avions traîné la patte jusqu'à la ville d'Haslau, où nous avions pu nous reposer dans la cour d'une ferme quelques heures durant, sans toutefois nous nourrir.

L'agriculteur qui possédait cette terre s'était arrangé avec les gardes SS pour pouvoir récupérer quelques-uns des détenus les plus faibles et les envoyer dans une usine voisine. Je n'ai jamais su si ces gens avaient pu bénéficier de soins quelconques. Peut-être que les gardes étaient tout simplement heureux d'être débarrassés de ces détenus et qu'ils les avaient laissés là pour qu'ils meurent. Quoi qu'il en soit, leur voyage infernal était terminé. Je les enviais.

Après ce court repos, la marche reprit. Nous avions traversé quelques petits villages avant d'arriver dans une ferme située dans la ville d'Hoeflas. Nous avons passé la nuit dans des granges et dans le hangar de fermes. C'était notre première nuit à l'abri depuis longtemps. À l'intérieur de ces bâtiments se trouvait le fourrage des animaux de la ferme. Certaines femmes étaient si affamées qu'elles s'étaient jetées sur le fourrage pour le manger. Malgré la faim qui me tenaillait l'estomac, je ne pus me résoudre à en manger. La plupart d'entre elles en devinrent très malades. Un peu plus tard dans la nuit, l'agriculteur, aidé de quelques voisins, nous apporta des pommes de terre bouillies à manger. C'était le premier repas que nous avions mangé en plusieurs jours.

Le lendemain matin, notre marche reprit cette fois-ci en direction de Bukwa. Sur la route, alors que nous nous apprêtions à traverser le cours d'eau d'une petite vallée, femme essaya de s'enfuir. J'imagine qu'elle pensait pouvoir traverser le fleuve et disparaître dans les bois . Elle réussit à franchir le fleuve, avant qu'un garde SS ne l'abatte de trois balles. C'était la première fois qu'une détenue était tuée depuis que Dörr avait reçu l'ordre de cesser d'abattre les prisonniers. Et ce ne serait pas la dernière.

Nous arrivâmes à Bukwa un peu plus tard dans la journée, puis nous installâmes notre campement dans une prairie. Comme je l'ai remarqué précédemment, je me souviens de la plupart des endroits dans lesquels nous nous sommes arrêtés grâce à la nourriture que l'on nous y avait servie (ou pas). Même si elle était mauvaise, ce qui fut le cas la plupart du temps, la nourriture venait soulager les douleurs atroces que nous causait la faim. Ici, à Bukwa, nos ravisseurs firent quelque chose d'extrêmement étonnant venant d'eux : ils donnèrent l'ordre au boulanger de la ville de nous donner du pain. Ils nous apportèrent des dizaines de miches de pain que nous dévorâmes avant d'aller nous coucher.

Le lendemain matin, nous reprîmes la marche en direction de Zwodau. À notre arrivée, nous fûmes conduites vers un camp de concentration. À la surprise générale, on y retrouva certaines des femmes que nous avions laissées à Grünberg, parce qu'elles étaient trop malades pour marcher. Un autre groupe de femmes tombées malades à Rehau était là également. Elles ne recevaient aucun traitement médical en particulier. Nos ravisseurs se contentaient de les garder là, le temps qu'elles meurent. Ces femmes nous avaient rejointes au cours de notre marche jusqu'ici.

Après la guerre, il fut révélé lors du procès de Dörr que ce dernier avait l'intention de nous emmener de Zwodau à Dachau, ce camp de la mort tristement célèbre situé en Bavière. Il changea d'avis après avoir appris que les Américains avaient déjà pris Dachau. Il jeta alors son dévolu sur l'Autriche, où il pensait qu'une forteresse de montagne était en cours de construction pour que les soldats en retraite et les sympathisants nazis puissent échapper à l'assaut des Alliés. Lorsque nous avons quitté Zwodau, c'est dans cette direction que nous nous dirigeâmes. Mais à partir de ce moment-là, Dörr devint plus erratique et impulsif dans sa manière d'orienter la marche. Ce serait à la fois une bénédiction et une malédiction pour celles d'entre nous qui furent condamnées à continuer de marcher.

On ne nous força pas à marcher le lendemain de notre arrivée à Zwodau. Ce repos nous était indispensable, mais très peu d'autres choses nous furent accordées. Nos ravisseurs ne nous nourrissaient toujours pas. Beaucoup de filles moururent ici, avant même que la marche ne reprenne. Le jour suivant, nous commençâmes à marcher vers le sud, en direction de l'Autriche. Dörr voulait éviter le front occidental où les Américains progressaient. Il voulait également éviter les grandes villes où il pourrait rencontrer une certaine résistance. Pour atteindre l'Autriche, nous devions traverser la Tchécoslovaquie. Dörr craignait, à juste titre, qu'à ce stade de la guerre, les Tchèques ne soient pas très accommodants. Par conséquent, au lieu d'emprunter celle qui passait le long de la frontière entre la Tchécoslovaquie et l'Allemagne, il opta pour une route bien plus sinueuse.

Ce jour-là, nous étions parties de Zwodau et avions traversé Falkenau, avant d'arriver à Lauterbach. À Lauterbach, le maire avait réservé un espace pour permettre aux soldats allemands en retraite de passer la nuit. À notre arrivée, le maire dit à Dörr que les soldats ne s'étaient pas présentés et donc qu'il pouvait utiliser cet espace pour loger l'ensemble des détenus et des gardes. Dörr était enchanté, non pas parce qu'il voulait offrir aux prisonniers un endroit convenable où dormir. Au lieu de cela, il s'installa dans la salle, la remplit de paille pour lui servir de literie, avant d'y mettre ses gardes ainsi que le personnel encadrant la marche. Nous fûmes envoyées sur un terrain sportif pour la nuit. Une fois de plus, nous étions en extérieur et ne reçûmes pas de nourriture. Pire, le temps devint très froid et il commença à pleuvoir. Toute la nuit, nous dormîmes serrées les unes contre les autres pour essayer de nous tenir chaud dans ces conditions extrêmes. On pouvait entendre des gémissements de douleur toute la nuit. Au matin, une autre douzaine de femmes étaient mortes.

Le lendemain, la marche fut bien plus longue. Le fait que certaines d'entre nous soient encore en vie après ces quelques jours difficiles me stupéfiait. Ce jour-là, nous avions traversé plusieurs villes dont je ne me rappelle pas les noms et que je n'ai probablement jamais connus. Dans chaque ville, de nouvelles filles périrent. Après la guerre, des témoins étaient venus raconter les histoires des filles qui étaient mortes dans leurs villes. Parfois, leurs noms pouvaient être retrouvés d'une manière ou d'une autre, mais dans la plupart des cas, leurs identités restaient inconnues. Nos ravisseurs laissaient souvent les corps pourrir sur la route, sans prendre la peine de les enterrer. De nombreux habitants de ces villes leur donnèrent un enterrement correct après le départ de Dörr et de ses hommes de main.

L'après-midi, alors que nous venions d'arriver dans la ville de Sangerberg, les habitants se précipitèrent pour assister à cet infâme spectacle. Tandis qu'ils nous fixaient des yeux, certaines femmes transportées sur les wagons leur faisaient de grands signes pour qu'ils leur apportent de la nourriture. Plusieurs habitants répondirent à leurs supplications essayant de leur apporter du pain. Mais les gardiennes qui encadraient la marche les en empêchèrent. Un garde s'était précipité pour frapper les femmes qui avaient instigué cet appel avec la crosse de son arme. Un autre menaça de les tuer. Une des gardiennes s'empara du pain et le jeta à des poules qui se trouvaient dans un champ voisin, pour que nous ne le mangions pas. J'ai peine à comprendre comment ces gens ont pu devenir aussi cruels. Que s'était-il passé dans leurs esprits qui avait pu les rendre aussi monstrueux ?

Ce jour-là, nous n'avions pas fini de marcher. Après avoir quitté Sangerberg, nous arrivâmes à Hammerhof, où l'on trouva un abri dans une grange pour la nuit. Une fois de plus, nous n'avions pas reçu de nourriture ce soir-là. Les quelques jours à venir étaient comme une expérience de déjà-vu. Chaque jour, nous marchions à peu près 10 kilomètres, et chaque jour, on arrivait dans une nouvelle ville ou dans un nouveau village, où nous restions dans des granges de fermes locales. Parfois, nous recevions de la nourriture, parfois, non. À deux reprises, les villageois nous avaient apporté de la soupe et des pommes de terre au cours de cette semaine. Il ne semblait exister aucune raison rationnelle pour justifier le fait que nos ravisseurs nous autorisaient parfois à recevoir de la nourriture, mais prenaient des moyens extrêmes pour nous en priver à d'autres moments. Quelques jours plus tard, nous serions les témoins d'une scène stupéfiante : des habitants de la ville allaient bientôt se confronter aux gardes SS afin de nous donner de la nourriture.

UN ACCUEIL PROVOCATEUR DE LA PART DES TCHÈQUES
AVRIL 1945

Le mois d'avril 1945 touchait à sa fin. Le temps se réchauffait. À présent, nous risquions davantage à cause de la famine que de l'exposition au froid. Toutes les nuits, de nouvelles femmes périssaient. Parfois, quelques-unes seulement, mais d'autres fois, une douzaine, voire plus. Toutes ne mouraient pas de faim. La typhoïde, le typhus, la gangrène étaient d'autres causes possibles, mais vu les quantités infimes de nourriture que nous recevions, la mort était généralement une conséquence de la famine.

Après avoir quitté Hammerhof, nous traversâmes plusieurs villes et villages au cours des jours qui suivirent. Je n'ai que trop peu de souvenirs de ces quelques jours. Tout semblait se mélanger. Une pluie battante était tombée pendant à peu près deux jours, tandis que des éclairs surgissaient tout autour de nous. Cette nuit-là, nous avions dormi dans des granges, mais la plupart de celles qui s'étaient couchées trempées à cause de la pluie ne survécurent pas jusqu'au lendemain. L'une des propriétaires de la grange tenta de nous apporter de la nourriture, mais les gardes SS l'en empêchèrent. Le matin, on nous apporta un mélange de son de blé dans de l'eau chaude qui, au premier coup d'œil, semblait avoir été mixé dans un abreuvoir pour animaux avant de nous être servi.

Le jour qui suivit fut l'un des plus dangereux depuis que nous avions quitté Dresde. Nous étions en train de marcher quand, tout à coup, on entendit au loin des avions Alliés en approche. Le bruit des moteurs devenait de plus en plus fort, et il ne faisait aucun doute que ces avions seraient bientôt au-dessus de nos têtes. Soudain, l'un d'eux se dirigea vers notre file et ouvrit le feu. Les balles des mitrailleuses sifflaient tout autour de nous, criblant le sol. Plusieurs filles s'évanouirent et moururent sur le coup. D'autres furent blessées mais, tant bien que mal, réussirent à survivre à l'attaque sans recevoir la moindre assistance médicale. Je ne me souviens pas si certains des gardes ont été tués.

Le mitraillage tua deux des chevaux qui tiraient les wagons transportant les provisions des gardes et les personnes trop malades pour marcher. Certaines filles qui se tenaient près des chevaux se jetèrent sur leurs carcasses pour en dévorer la chair. C'était un spectacle lugubre et écoeurant.

Un ou deux jours après, nous traversâmes la frontière avec la Tchécoslovaquie. Le temps était bien plus froid au fur et à mesure que l'on s'approchait des montagnes. Tout autour de nous, le sol était recouvert de neige. La forte élévation du terrain ajoutait à la difficulté de la marche. Mais les salutations que nous recevions du peuple tchèque nous redonnaient un peu d'espoir et de foi en l'humanité.

Nous arrivions dans la ville de Domazlice quand des villageois s'avancèrent pour nous regarder passer. Nous étions surprises de voir qu'ils étaient habillés de vêtements festifs, colorés, typiques de cette région slave, sans pour autant savoir pourquoi ils avaient décidé de s'habiller ainsi. Peut-être que c'était un dimanche ou un jour de vacances. Quoi qu'il en soit, il ne s'agissait pas de tenues ordinaires, portées au quotidien. À ce jour, mon esprit est encore fortement marqué du souvenir de ces chapeaux magnifiques, de ces robes, des jupes que portaient les femmes et des ensembles que portaient les hommes. Surtout après la chose surprenante qui est arrivée ensuite.

Soudain, certains villageois commencèrent à ricaner et à se moquer des gardes SS. Leurs railleries s'amplifièrent jusqu'à devenir cacophoniques. Tout à coup, des gens sortirent des magasins et des maisons qui bordaient la route, apportant avec eux toutes sortes de nourriture - du pain, de la viande, du fromage, du lait, des pommes de terre, des œufs, et plus encore - et commencèrent à nous les jeter.

De nombreuses filles sortirent précipitamment du rang pour attraper la nourriture. Les gardes se mirent à tirer des coups de semonce en l'air, tout en leur criant de retourner dans la file. Ils ordonnèrent ensuite aux habitants de rester en arrière. La plupart des filles avaient obéi, craignant d'être abattues. Mais les habitants répliquèrent en criant, tout en continuant à nous lancer des provisions. Les habitants refusaient d'obéir et les cris des gardes ne firent rien pour les arrêter. Heureusement, ils ne se résolurent pas à utiliser leurs armes pour intervenir, et nous fûmes autorisées à manger.

Dörr était à présent déterminé à retraverser la frontière pour sortir de la Tchécoslovaquie et s'éloigner de toute autre réception hostile. Il nous ordonna de continuer à marcher et d'accélérer le rythme. Nous nous dirigeâmes vers une ville appelée Mraken, toujours à l'intérieur du territoire tchèque. Une fois de plus, les villageois étaient sortis et nous avaient donné de la nourriture. Cette fois-ci, les gardes n'avaient rien fait pour les en empêcher, mais nous avaient pressé le pas afin que nous quittions la ville le plus rapidement possible.

C'était un spectacle incroyable. Non seulement à cause de la nourriture que nous jetaient ces gens vêtus de costumes aux couleurs vives. Mais aussi du fait de la réaction des femmes et des filles. Nous étions si affamées que nous nous étions jetées sur la nourriture. Cela fait longtemps que nous n'avions pas vu autant de nourriture d'un coup. Et il y en avait suffisamment pour repaître chacune d'entre nous. Pourtant, certaines se battaient pour quelques morceaux de pain, quand des miches entières gisaient déjà au sol.

Ce jour est gravé dans ma mémoire en raison du contraste qu'il illustrait dans la nature humaine. Nous avions devant nous la compassion des gens qui risquaient leurs propres vies pour nous nourrir, avec des denrées dont ils avaient sans doute terriblement besoin eux aussi en ces jours difficiles. Aujourd'hui encore, repenser à la gentillesse de ces villageois me donne chaud au cœur. Mais j'éprouve de la honte en repensant à la manière dont nous nous étions battues pour quelques vivres. Je ressens encore le choc et la colère qui m'avaient saisie vis-à-vis d'une codétenue qui m'avait arraché de la nourriture des mains. Je suis certaine que nous ressemblions à des mouettes, à des écureuils ou à d'autres animaux, en train de nous battre pour une miette de pain. Les nazis voulaient nous voir agir de la sorte, cela leur permettait de confirmer leur idée selon laquelle nous étions des sous-hommes.

Leur cruauté nous avait rendues folles. Aucun être humain n'aurait pu se prémunir contre ce genre de comportement après avoir été soumis à la terreur et aux privations auxquelles nous avions été confrontées, pas seulement pendant des jours ou des mois, mais pendant des années.

Mais nous n'allions pas tarder à payer le prix de notre abandon au désespoir. Il y avait tant de victuailles que nous nous étions gavées. À présent, ce n'était plus le manque de nourriture qui nous menaçait, mais son excès. Après avoir connu une telle famine, le fait de trop manger d'un seul coup pouvait nous tuer bien plus rapidement que la privation de nourriture ne l'aurait fait. Mais résister était bien trop difficile. Nous étions presque toutes tombées malades, et certaines d'entre nous en étaient même mortes.

Le jour suivant fut l'un des plus longs de toute la marche. C'était comme si nous avions marché deux fois plus loin que les jours précédents. Nous avions quitté la Tchécoslovaquie, avant de nous retrouver du côté allemand de la frontière, en Bavière. Cette nuit-là, nous avions dormi dans un verger. Le froid était atroce.

Plus tard dans la soirée, on nous apporta une soupe préparée par les villageois de la ville voisine. Quand elle arriva, des détenues se précipitèrent pour être les premières à être servies. Même si nous souffrions encore de la goinfrerie de la veille, nos estomacs étaient affamés. Des filles se bousculaient pour obtenir de la soupe, et le chaos éclata à nouveau. Les gardes criaient, poussaient et nous frappaient pour essayer de nous contrôler. Mais nous étions si affamées qu'ils ne pouvaient pas réprimer le chahut.

Des coups de feu retentirent dans l'air. Quand il entendit toute cette agitation, Dörr arriva sur les lieux. Sa colère était tout aussi visible qu'audible tandis qu'il criait pour faire régner l'ordre. Ses demandes furent ignorées, et les filles continuèrent à se pousser les unes les autres pour pouvoir manger. Finalement, il ordonna aux gardes d'emporter toute la nourriture. Des cris et des hurlements envahirent la pièce et il devenait de plus en plus évident que l'on ne nous nourrirait pas cette nuit-là. Effectivement, on ne nous rapporta jamais ladite nourriture. Jusqu'au petit matin, j'avais entendu les sanglots et les gémissements des filles affamées et malades. Beaucoup d'autres allaient périr pendant cette nuit froide et sombre.

AU REVOIR, CHÈRE HALINKA
AVRIL 1945

Le jour suivant, après avoir parcouru un certain nombre de villes et de villages supplémentaires, nous fîmes une pause pour nous reposer un peu. Les gardes avaient autorisé certains locaux à nous apporter du pain et des pommes de terre. La plupart d'entre nous étions toujours très malades du gavage récent. Malgré cela, les douleurs de la famine étaient encore présentes, auxquelles s'ajoutaient les crampes intestinales du trop-plein de nourriture que nous avions ingurgité. Nous étions victimes de diarrhées, de vomissements et alternions constamment entre l'un et l'autre. Et nous n'étions pas autorisées à nous arrêter au cours de la marche pour nous soulager. La saleté et la misère que dégageaient nos vêtements souillés étaient horribles.

Pendant la majeure partie de la marche depuis Helmbrechts, nous avions au moins un chariot qui voyageait à côté pour transporter les détenues qui ne pouvaient plus marcher. Mais il n'y avait plus suffisamment de place pour pouvoir toutes les transporter. Des amies se regroupaient pour traîner ou porter leurs camarades, pour éviter qu'elles ne soient assassinées, battues ou abandonnées à la mort. Lili et moi faisions cela pour Halinka. Chaque jour qui passait la rendait de plus en plus faible, et nous avions peur qu'elle ne tienne plus très longtemps. Nous avions passé ses bras autour de nos épaules, réussissant à rassembler nos forces tant bien que mal pour la porter. Le chariot étant déjà surchargé, elle n'avait pas pu obtenir de place à bord.

Après que de nombreuses autres filles furent tombées malades à cause de la suralimentation, Dörr réalisa qu'il devait obtenir plus de chariots pour que la marche se poursuive plus rapidement. Maintenant, c'étaient les forces américaines qui gagnaient sur nous plutôt que les Russes. Il ordonna aux habitants de lui apporter des chariots pour transporter les détenues. Beaucoup avaient obtempéré et bientôt plusieurs chariots supplémentaires se joignirent à nous. Halinka put finalement s'y installer au lieu d'être traînée par Lili et moi.

Le terrain commençait à devenir beaucoup plus raide. Cela avait été suffisamment difficile de marcher sur un terrain plat. À présent, dans un état bien plus dégradé, nous devions continuer en montée. En l'espace de quelques jours, nous avions grimpé à plus de 500 mètres d'altitude. Le temps aussi se détériorait, au fur et à mesure que nous continuions notre ascension. Un mélange de pluie neigeuse commença à tomber, et nous étions de nouveau trempées, tremblant sans pouvoir nous contrôler.

Pendant des jours, mes pieds avaient été très froids, et maintenant, je perdais toute sensation dans ces derniers ; je savais que les engelures commençaient. Tant bien que mal, je réussissais à mettre un pied devant l'autre, même si j'avais l'impression de marcher sur des aiguilles. À chaque pas, la neige devenait plus profonde et la route plus boueuse. Il était impossible de ne pas marcher dans les flaques d'eau boueuses. Cela ne me soulageait pas, mais je savais que ma mort approchait.

Dans l'ensemble, Dörr avait ignoré l'ordre de tuer les détenues. Les comptes rendus du procès de Dörr établissent que plus de 50 détenues ont été assassinées après l'émission de l'ordre. Mais maintenant, il était réticent à encourager ces meurtres. Cependant, il ne fit pas grand-chose pour empêcher les gardes SS de les commettre. Plusieurs d'entre eux ne partageaient pas sa réticence et étaient prompts à résoudre le problème d'une prisonnière affaiblie ou en fuite avec un pistolet.

Nous étions contentes qu'Halinka se trouve à présent à bord d'un chariot, soulagées qu'elle ne soit plus une proie potentielle pour ces monstres. À chaque heure qui passait, son état se dégradait. Je remarquai que son bras gauche était très enflé, comme s'il pouvait exploser d'une minute à l'autre. Elle respirait difficilement et ses yeux étaient vitreux, sa peau était pâle et cendrée et une grande partie de ses cheveux était tombée. Quelques minutes plus tard, elle ne nous répondait plus.

Lili marchait à côté du chariot pour la surveiller. Pour ma part, mes pieds me faisaient tellement souffrir que je ne parvenais plus à suivre le rythme. Alors, je boitais, m'éloignant de plus en plus de mes amies. Lili essaya de donner de l'eau ou des morceaux de nourriture que nous avions gardés à Halinka, mais malheureusement elle ne pouvait plus les ingérer.

Lili se hissa sur le chariot et prit Halinka dans ses bras. Je les regardais depuis l'arrière, tandis que le chariot avançait en tremblant, bravant l'après-midi froid et humide. Les autres prisonnières qui se trouvaient à bord du chariot ne semblaient pas se soucier de son sort. Comme elle, elles étaient toutes proches de la mort.

Après un petit moment, je vis Lili venir vers moi. Je savais à son regard que ce n'était pas bon signe. Elle se glissa à côté de moi et passa mon bras autour de son épaule pour que je puisse prendre appui sur elle et soulager mes pieds. Une larme roula sur sa joue. Elle ne put rien dire à ce moment-là. Cela n'était pas nécessaire. Je savais qu'Halinka était maintenant en paix.

Le chariot ne s'arrêta pas. Et nous non plus. La marche continuait. Il n'y eut aucune reconnaissance de la mort de notre amie. Ni de la part des autres détenues à bord du chariot, ni de celles qui marchaient, et encore moins de la part de nos ravisseurs. Seules Lili et moi la pleurions, en silence.

Les parents d'Halinka lui avaient envoyé un magnifique manteau bleu roi pendant que nous étions à Bolkenhain. C'était son bien le plus précieux et il l'avait aidée à survivre au froid glacial. Le manteau n'avait pas de capuche et Halinka n'avait rien pour couvrir sa tête. Alors, à Grünberg, Lili et moi avions décidé de lui confectionner une capuche assortie à son manteau. Nous avions créé la capuche à partir d'un pull que nous avions trouvé, de telle sorte qu'Halinka puisse l'accrocher au col de son manteau. Par chance, nous avions trouvé de la teinture bleue, très proche de la couleur originale du manteau. Halinka en était très contente. Cela lui permettait de se protéger du froid pendant les longs appels à Grünberg. Peu de temps après que Lili eut quitté Halinka pour me rejoindre dans la marche, nous vîmes une autre femme portant le manteau d'Halinka.

Je préfère me souvenir des actes de sacrifice et de courage de nos camarades détenues. Il y en eut beaucoup et j'aime à croire qu'il y eut plus de ce genre de cas que de ceux où les détenues se sont tournées les unes contre les autres pour survivre. Je ne peux pas dire avec certitude que c'était effectivement le cas. Il est arrivé que nous nous battions les unes contre les autres pour des bouts de pain alors que nous étions presque mortes de faim. Il y avait eu de nombreux cas de vol de biens nécessaires pour rester en vie. Les nazis nous maintenaient dans le désespoir pour nous déshumaniser et nous briser psychologiquement. Parfois, cela fonctionnait, et nous succombions. Je suis dégoûtée à l'idée que le manteau d'Halinka lui ait été enlevé de façon si impitoyable, mais je ne blâme pas la femme qui l'a pris. Elle a été victime de cette tactique cruelle. Nous étions tristes de voir une autre personne le porter, mais nous comprenions le désespoir de cette femme. Je suis sûre qu'Halinka aurait préféré que quelqu'un l'utilise plutôt que de le voir jeté.

Je me demandais ce qui pourrait arriver au corps d'Halinka. Nous espérions qu'elle puisse être enterrée dignement, mais étions incapables d'y faire quoi que ce soit. La mort survenait quotidiennement. En l'espace de trois mois, nous étions passées de 1 000 détenues à environ 300. À chaque arrêt, davantage de femmes mouraient ou étaient laissées derrière à l'agonie. Parfois, certaines étaient enterrées, mais pas la plupart. Quand elles l'étaient, c'était généralement dans une tombe peu profonde, anonyme, ou parfois dans une fosse commune creusée par d'autres prisonnières.

Après de nombreuses années, j'ai appris qu'Halinka avait tout d'abord été enterrée dans l'une de ces tombes de fortune, au bord de la route où elle avait perdu la vie. Mais des habitants tchèques de la région ont retrouvé son corps et l'ont fait enterrer à nouveau dans un cimetière commémoratif établi dans la ville tchèque de Volary, où la marche s'est officiellement terminée. Le maire avait pris l'initiative de créer un cimetière pour les victimes qui avaient péri à Volary et dans les villes alentour. Une magnifique statue surplombe les tombes. Elle rend hommage aux centaines de personnes mortes au cours de cette marche.

S'ÉCHAPPER, ENFIN !
MAI 1945

La journée au cours de laquelle Halinka est morte avait été interminable. Elle constitue l'un des plus longs tronçons de la marche. Nous avions retraversé la frontière et étions à nouveau en Tchécoslovaquie. Nous étions dans la forêt de Bohême, un lieu réputé pour sa beauté naturelle, ses villages et maisons idylliques qui parsèment les collines. Les vallées profondes, les sommets imposants et les bois sombres souvent enveloppés de brume et de brouillard ont inspiré la création de récits fantomatiques, de bêtes maléfiques, de monstres et de fous. Ces contes étaient des œuvres de fiction. Mais maintenant, la forêt légendaire était vraiment hantée. Ces nazis, de vraies bêtes, des monstres, des fous, racontaient une histoire de terreur qu'aucune de ces vieilles fables ne pouvait égaler. Pourtant, on commençait à percevoir quelques indices, indiquant que la fin de cette histoire était peut-être proche.

Les deux derniers jours, nous avions rencontré des soldats allemands ayant tout juste quitté le front de guerre. Certains d'entre eux marchaient à nos côtés. Cette scène était très étrange. Dörr et ses sbires étaient de plus en plus nerveux à l'idée de voir les Américains se rapprocher. Nous le savions aussi, mais étions tellement affaiblies qu'il nous était impossible de penser à nous enfuir. Nous nous accrochions tout simplement à l'espoir que les Américains nous sauvent bientôt.

Ce soir-là, nous nous étions arrêtés dans une ferme et nous avions été hébergés dans des granges pour la nuit. Nous étions près de la ville de Prachatice. À cette hauteur, la neige et le froid s'intensifiaient. Ces derniers nous donneraient-ils notre dernier coup fatal ? Je ne me souviens pas si nous avons été nourries cette nuit-là. J'avais très faim, mais malgré cela, je ne pensais qu'à mes pieds. Je ne sentais plus rien dans mes orteils puisqu'ils étaient littéralement gelés. Pendant des jours, mes orteils avaient changé de couleur, passant du pâle au vert et maintenant au noir. J'avais des ampoules qui suintaient avec du pus. Je compris rapidement que la gangrène allait bientôt s'installer, si ce n'était déjà fait. Chaque respiration m'était difficile et j'avais l'impression de suffoquer. Je savais que je ne pouvais pas faire un pas de plus. Je ne dormis pas beaucoup cette nuit-là. J'attendais anxieusement le matin en espérant voir un peu de soleil dans lequel je pourrais réchauffer mes pieds.

Le lendemain, quand on nous ordonna de reprendre la marche, je dis à Lili que je ne pouvais plus continuer. Elle me supplia de trouver en moi la force de le faire, sinon ils me tueraient sans aucun doute. Je lui rétorquai que j'étais sur le point de mourir de toute façon et qu'ils finiraient probablement par le faire dans tous les cas. Je lui dis qu'elle devait continuer sans moi, parce que son état de santé était bien meilleur que le mien. J'étais décidée à rester là et à assumer la conséquence de mes actes, quelles qu'elles soient.

Lili réfléchit un moment, puis me répondit : "Je ne partirai pas sans toi. Tu as besoin d'aide, sinon, tu mourras très certainement." Elle était prête à se sacrifier pour moi. Nous étions certaines qu'ils nous tueraient si nous ne continuions pas la marche. Elle tenait sa parole, parfaitement consciente des risques qu'elle prenait. J'étais si reconnaissante de son amitié. Elle avait été la plus forte et la plus résiliente de nous trois. Sans elle et sans les risques qu'elle a pris, je n'aurai pas survécu.

Le groupe de détenues commença à se mettre en ligne, s'apprêtant à reprendre la marche. Lili et moi prenions notre temps, nous déplaçant prudemment de sorte à nous retrouver en fin de cortège. Nous étions à la lisière d'une forêt. Nous avions convenu de tenter de nous échapper quand l'occasion se présenterait. La marche n'avait pas encore débuté, alors nous avions décidé de nous asseoir sur l'herbe, le plus près possible du bois sans pour autant que l'on nous remarque.

Puis l'ordre de commencer la marche fut donné. Lili attrapa mon bras et le passa autour de son épaule. À elle seule, elle parvint à nous relever toutes les deux, avant de faire mine de rejoindre le reste du groupe. Nous attendions, regardant attentivement autour de nous pour s'assurer qu'aucun garde ne nous regardait. Dès que leurs yeux se détournèrent, nous nous précipitâmes en boitillant jusque dans les bois, avant de nous accroupir derrière quelques arbustes. Mon cœur s'emballa tellement que j'en eus le souffle coupé.

En silence, nous observions les détenues avancer sur la route, jusqu'à disparaître de notre champ de vision. Par miracle, personne n'avait remarqué notre absence. Du moins pour le moment. J'essayais de calmer ma respiration et de me détendre, mais en vain. Nous avons attendu un long moment, peut-être deux heures ou plus, jusqu'à ce que nous soyons certaines que personne ne reviendrait pour nous chercher. Nous nous étions échappées, mais que faire maintenant ? Nous étions dehors, dans la neige et le froid. Nous n'avions pas de nourriture. Qu'est-ce qui nous tuerait en premier ? La famine, l'exposition, ou, dans mon cas, les engelures et la gangrène ? Sans l'aide d'un habitant du coin, nous étions condamnées.

Le peuple tchèque s'était montré compatissant à notre égard auparavant, aussi étions-nous heureuses d'être de retour là-bas plutôt qu'en Allemagne. Nous étions à la campagne et ne pouvions voir aucune maison, mais nous savions que nous étions près d'un petit village. Nous retournâmes sur la route, commençant à marcher dans la direction opposée à celle que les détenues avaient prise. Je dis "nous" marchions, mais seule Lili marchait. Elle me traînait avec mon bras en travers de ses épaules.

Après un virage, nous vîmes quelques maisons éparpillées le long de la route. Tout était presque complètement silencieux et immobile. Comme je pouvais à peine marcher, nous avions décidé de tenter notre chance avec la première maison que nous avons vue. À mesure que nous nous en approchions, nous avions réfléchi à l'histoire à raconter aux personnes qui y vivaient. Nous avions décidé de dire que nos maisons avaient été bombardées et que nos parents avaient été tués. Nous étions les seules à avoir survécu et avions besoin d'aide.

Nous arrivâmes devant la porte d'entrée, Lili prit une grande inspiration et toqua. Après quelques minutes, la porte s'ouvrit et une femme passa la tête dans l'entrebaillement de la porte. La stupéfaction recouvrait son visage tandis qu'elle constatait le piteux état dans lequel nous étions. Sa bouche s'entrouvrit, sans qu'elle ne parvienne à prononcer un mot. C'était comme si elle avait vu deux fantômes revenir d'entre les morts.

Dans un allemand approximatif, Lili balbutia notre histoire invraisemblable. Je ne sais pas comment, mais nous étions sûres que cette femme était allemande et non tchécoslovaque. Il y avait beaucoup d'Allemands dans cette région, qui était très proche de la frontière. Et beaucoup avaient été encouragés à s'y installer après le début de la guerre dans le cadre de la recherche par Hitler du Lebensraum, ou "espace vital" pour les Allemands de souche. Si elle était l'une d'entre eux, cela pourrait signer notre arrêt de mort. Elle ne serait probablement pas d'accord pour accueillir deux juives chez elle. Il ne fait aucun doute qu'elle avait déjà écarté notre mensonge sur qui nous étions et pourquoi nous demandions de l'aide. Elle savait exactement d'où nous venions.

Nous attendions sa réponse qui arriva au bout de quelques secondes - secondes qui nous parurent des heures. Pour notre plus grand soulagement, elle nous laissa entrer et nous invita jusque dans sa cuisine. À l'intérieur de chez elle se trouvaient plusieurs enfants qui, mus par la curiosité, pointèrent précautionneusement le bout de leur nez derrière la porte de la cuisine. Elle nous offrit du pain et des œufs. Il y avait largement de quoi nous rassasier, mais nous avions retenu notre leçon de la précédente mésaventure. Même si nous étions affamées, nous nous forcions à manger lentement et en petites quantités.

Ensuite, elle versa de l'eau dans une bassine à l'aide d'une cruche. Elle me la tendit en premier et m'indiqua de me laver le visage. Elle m'emmena dans une pièce où se trouvait un miroir, et plaça la bassine sur la commode qui se trouvait en face de ce dernier. Elle me donna une serviette, puis quitta la pièce. Je pris l'eau chaude dans mes mains pour m'en asperger le visage. Je n'oublierai jamais cette sensation, au moment où mes mains ont touché mes joues. Tout ce que je pouvais sentir était de l'os. J'aurais tout aussi bien pu toucher un crâne, et aurais été incapable de dire la différence. En fait, c'est exactement ce que j'étais en train de faire. Je levai la tête pour pouvoir voir mon visage dans le miroir. C'était la première fois depuis des semaines que je le voyais. Je n'avais plus que la peau sur les os.

Nous avons tous vu ces photos horribles des survivants d'Auschwitz et d'autres camps de la mort à leur libération. Les personnes qui ont survécu étaient des squelettes ambulants, recouverts d'un peu de chair. C'est à ça que je ressemblais à ce moment-là. Il existe un mot spécifique pour nous décrire : *Muselmann*, qui signifie "Musulmans" en yiddish. Il était utilisé parce que les personnes dans cet état finissaient par devenir si faibles que tout ce qu'elles pouvaient faire était de s'asseoir, affalées comme un musulman en prière. Comment avais-je réussi à continuer à avancer, étant moi-même une *Muselmann* ? Je n'ai toujours pas de réponse à cette question.

LE FERMIER ALLEMAND
MAI 1945

La chance nous avait souri au cours de cette première tentative d'obtenir de l'aide après notre fuite. On nous avait donné de quoi nous nourrir, de quoi nous nettoyer avant de pouvoir nous reposer un peu du froid et de la neige pendant quelques heures. Pendant ce temps, notre hôte allemande devenait de plus en plus nerveuse. Elle finit par nous demander de quitter les lieux. Les Américains n'avaient pas encore réussi à prendre le contrôle de la zone et les troupes allemandes rôdaient toujours. Elle était terrifiée à l'idée d'être vue en train d'aider des détenues juives à s'échapper.

Nous comprenions son point de vue. Nous commençâmes alors à préparer notre départ. Où irions-nous maintenant ? La chance nous sourirait-elle à notre prochain arrêt ? Nous quittâmes la maison, sans avoir obtenu de réponse à ces questions. Avant de reprendre la route, nous prîmes quelques instants pour réfléchir à notre itinéraire. Nous savions que le chemin que nous nous apprêtions à prendre menait à un village que nous avions traversé auparavant. Est-ce que ce serait une bonne idée de retourner là-bas, dans l'espoir qu'une personne compatissante veuille bien nous venir en aide ? Après une brève discussion sur le sujet, il nous sembla plus sage de rester éloignées des zones les plus peuplées et des grands axes de circulation. Nous avions effectivement rencontré quelques soldats allemands au cours de la marche, et même si cela restait rare, nous savions que si cela se reproduisait, l'issue de cette rencontre ne jouerait pas en notre faveur.

Les montagnes s'élevaient abruptement au-dessus de la route. Nous pensions que nous serions peut-être plus en sécurité là-haut, où il y avait moins de monde. Nous pourrions peut-être trouver une maison vide ou isolée, sans voisin proche. Dans un endroit aussi isolé que celui-ci, nous en avions déduit que les occupants n'auraient peut-être pas aussi peur de nous cacher pendant quelques jours, le temps de reprendre des forces. Puis nous trouvâmes un sentier qui menait à une pente, puis en déduisîmes qu'un sentier serait probablement plus sûr à suivre qu'une route, avant de nous y engager.

La nourriture m'avait donné de l'énergie, mes jambes étaient donc en mesure de me porter un peu plus. Tant bien que mal, Lili réussissait à me tenir droite. J'ignore où elle avait trouvé toute cette force. Nous gravissions avec peine ce long chemin escarpé. J'étais contrainte de m'arrêter pour me reposer à plusieurs reprises, mais nous continuions à avancer avec persévérance.

Au bout de plusieurs heures, nous nous étions enfin hissées au-dessus de la route principale. Une petite ferme était visible juste devant nous. Nous nous en approchâmes prudemment, nous arrêtant de temps en temps pour évaluer la situation. Nous entendions des poulets caqueter, puis une vache qui laissa échapper un mugissement faible et triste. Une colonne de fumée s'élevait de la cheminée. Obsédée par l'idée de pouvoir nous installer au coin d'un feu, nous décidâmes de prendre le risque de demander de l'aide à la personne qui vivait ici. Une fois de plus, nous avions répété à voix basse l'histoire de la perte de nos maisons et de nos familles dans un bombardement. Une fois devant la porte, Lili frappa doucement. Peu de temps après, nous entendîmes quelqu'un s'approcher lentement de la porte. Le loquet se souleva et la porte s'ouvrit en grinçant. Un vieil homme se tenait devant nous. Il avait une barbe épaisse et de profondes rides couvraient son visage. Il était débraillé et légèrement voûté par l'âge. Contrairement à la femme de la dernière maison, notre apparence ne sembla pas le choquer. Mais je sentis la peur parcourir mon cœur au moment où il nous salua en allemand.

Nous lui racontâmes l'histoire que nous avions inventée et il se mit à sourire. Sa réaction nous indiquait que, lui aussi, n'y avait pas cru. Il fit un pas en arrière afin d'ouvrir sa porte un peu plus et nous invita à l'intérieur. Il nous amena dans sa cuisine et nous dit de nous asseoir autour de la table, avant de se joindre à nous. Nous espérions qu'il nous avait emmenées dans la cuisine pour nous donner à manger. Mais, ce n'est pas ce qu'il fit en premier. Au lieu de cela, il voulait en savoir plus sur ce qu'il nous était arrivé.

Quelques minutes après le début de notre discussion, il nous offrit de quoi nous nourrir. Mais il connaissait les mécanismes de la faim et de ce qu'il peut arriver si l'on mange trop, trop rapidement. Il avait appris cela alors qu'il était un prisonnier de guerre en Russe pendant la Première Guerre mondiale et qu'il souffrait de la famine. Il savait aussi que nous avions appris à nos dépens que la suralimentation pouvait entraîner la mort de toute personne qui se trouvait dans le même état de santé que nous.

Il nous mit donc en garde, avant de nous offrir un verre d'eau. Je n'avais pas remarqué à quel point j'avais soif. Même s'il y avait beaucoup d'eau et de neige autour de nous, je ne buvais pas assez. Il attendit que nous ayons fini de boire, puis il ouvrit son armoire et en sortit quelques petits morceaux de pain sec. Il nous donna un morceau à chacune et nous dit de le grignoter lentement. Puis il versa du lait dans une casserole qu'il mit sur le feu. Une fois chauffé, il nous versa un petit verre de lait en nous rappelant de boire lentement. Il nous expliqua que l'eau et le lait nous aideraient à remplir nos estomacs et que nous aurions moins faim.

L'homme avait un visage aimable et des airs de grand-père. Sa femme était morte depuis des années et seule sa fille vivait avec lui. Il nous dit que sa fille souffrait d'une maladie mentale, sans préciser laquelle, et nous ne la rencontrâmes pas de tout notre séjour. Ses deux fils étaient partis quelque part combattre dans l'armée allemande. Il n'avait pas eu de nouvelles d'eux depuis longtemps. Même s'il ne l'exprimait pas, nous pouvions voir qu'il avait peur de ne jamais les revoir. Il n'avait pas de petits-enfants, une révélation qui me rendit triste. Les souvenirs de mon grand-père me revinrent en mémoire et je pensai à la joie que nous ressentions quand nous étions ensemble. De ce que j'ai pu voir de la gentillesse de ce vieux fermier, je pense qu'il aurait été un très bon grand-père. J'espérai qu'un jour, il le deviendrait.

Pendant que nous sirotions et grignotions ce que notre hôte nous offrait, celui-ci nous racontait des histoires sur sa lutte contre les Russes, sa capture et son séjour en prison. Je ne m'en souviens plus aujourd'hui : j'étais encore si faible que mon esprit n'était pas assez concentré pour comprendre les détails. Mais je compris que ces expériences qu'il avait vécues lui-même lui faisaient ressentir de l'empathie pour nous et la situation difficile que nous vivions.

Quand il eut terminé ses histoires et que nous eûmes mangé, il rit et nous avoua qu'il savait que notre histoire d'orphelines n'était pas vraie. Il comprit que nous étions des détenues juives de la marche, mais nous rassura en nous disant qu'il nous protégerait aussi longtemps qu'il le pourrait et qu'il nous aiderait à reprendre des forces. Il regarda mes pieds et me dit que nous devions les soigner immédiatement. Il se leva de table, puis il s'en alla récupérer une bassine qu'il remplit d'eau chaude. Il remarqua que nous étions couvertes de poux et nous demanda de rester dans la grange ; il ne pouvait pas risquer d'en être infesté lui aussi.

La bassine d'eau à la main, il nous conduisit vers l'étable. Malgré le fait que nous nous apprêtions à avoir une vache et un cochon pour colocataires, nous ne fûmes pas déçues. L'odeur était certes intense, mais quelque part agréable car je savais que nous étions enfin en sécurité. Il faisait plutôt chaud dans l'étable et il y avait du foin à utiliser pour se réchauffer. Je m'assis et mis mes pieds dans l'eau. Comme je ne sentais presque plus rien, je ne pouvais pas profiter du confort de la chaleur. Le plus important était de les nettoyer et de permettre au sang de circuler.

Un peu plus tard, il nous apporta des couvertures. Je trouvai un endroit dans l'un des coins de l'étable, où j'installai une palette sur laquelle m'allonger. Je m'effondrai dessus et toute mon énergie s'évapora. Je frémis en me réchauffant sous la couverture. Un grand sentiment de soulagement m'envahit. Pour la première fois depuis le début de la guerre, je me sentais en sécurité et pleine d'espoir quant au fait que ce cauchemar puisse bientôt se terminer.

LA GUERRE EST FINIE
MAI 1945

Après m'être allongée sur la palette, je m'assoupis rapidement. J'ignore combien de temps j'avais dormi, mais Lili me réveilla après un moment et me dit de me déshabiller. Elle faisait bouillir de l'eau à l'extérieur de l'étable pour épouiller nos vêtements. Je me relevai avec peine puis commençai lentement à ôter mes vêtements. Lili n'avait déjà plus les siens sur elle, puis elle récupéra les miens. J'attrapai la couverture avant de retomber dans le foin. Je commençais à me rendormir quand Lili revint. Elle semblait agacée. "Tu ne veux pas me donner un coup de main ?" me demanda-t-elle. Un fou rire me prit, si brutalement que j'en eus mal aux côtes. "Lili, je ne peux même pas tenir debout," rétorquai-je. Cela ne la fit pas rire. Elle prit la porte sans dire un mot. Je me sentis mal, mais d'un autre côté, j'étais tellement malade que je n'aurais pu l'aider d'aucune façon. Notre vieil ami avait compris que j'étais bien trop malade pour faire quoi que ce fut. Plaisantant à demi, il m'avait surnommée *halb tot* [demi-morte]. Cela venait probablement illustrer le vieux diction : "Plus d'une vérité est dite en plaisantant." Il me recommandait souvent de prendre soin de mes pieds. Il les vérifiait chaque jour pour voir comment ils étaient. Lili comprit elle aussi et avait cessé de me mettre la pression pour faire les corvées.

Nos vêtements partaient tellement en lambeaux que j'ai cru qu'ils allaient se désintégrer dans l'eau bouillante. Nous n'avions rien d'autre à nous mettre. La simple idée d'avoir enfin des vêtements propres, peu importe l'état dans lequel ils étaient, représentait un autre soulagement. Lili travaillait dur pour les rendre aussi propres que possible, puis elle les accrocha dans la grange pour les faire sécher. Je fis monter la couverture jusqu'autour de mes épaules, avant de me blottir dans un coin.

Quelque temps après, le fermier nous apporta un peu plus de pain et de lait, toujours en nous rappelant de le manger lentement. Assises l'une à côté de l'autre, nous nous mîmes à grignoter le morceau de pain. Nous étions si heureuses d'avoir autant de chance. Et, pendant quelques instants, je laissai mon esprit vagabonder et s'interroger sur ce que l'avenir nous réserverait à présent. Bien entendu, la situation actuelle n'était pas une solution permanente. Nous étions certaines que la guerre serait bientôt terminée, si ce n'était déjà fait, mais quelles seraient les conséquences ? Rien n'était prévisible dans une période aussi chaotique. La peur et l'inquiétude commencèrent à revenir.

Je forçai mon esprit à rester dans le présent. Ces années tumultueuses m'avaient appris à ne pas trop me projeter dans l'avenir. J'avais tout intérêt à consacrer toute mon énergie mentale au futur immédiat, à savoir comment survivre la journée, la nuit, ou même les cinq prochaines minutes de ma vie. Pour l'instant, nous avions un peu de répit après la terreur que nous venions d'endurer, et nous avions l'espoir et la promesse de quelques jours pour récupérer. Nous avions de la nourriture, nous avions un endroit chaud pour dormir à l'abri de l'humidité et du froid. Nous pouvions nous laver. Et nous sentions que nous pouvions faire confiance à cet homme, même si c'était un Allemand qui s'était battu pour son pays il y a des années. Nous ne le connaissions pas très bien et il ne parlait pas de politique avec nous, mais il y avait quelque chose en lui qui nous donnait l'assurance qu'il ne nous trahirait pas.

Les jours qui suivirent furent calmes et paisibles. Cela faisait des années que je n'avais pas ressenti une telle sérénité. L'homme continuait à nous apporter de la nourriture et à nous aider à reprendre des forces. Un après-midi, il entra dans l'étable, un grand sourire aux lèvres, et d'une voix émue par la joie, il nous annonça que la guerre était finie. Les Américains avaient pris le contrôle de l'intégralité de la région, et notamment de Prachatice, une petite ville que l'on pouvait apercevoir au pied de la montagne depuis son étable. Lili et moi nous jetâmes dans les bras l'une de l'autre, des larmes plein les yeux. Je la remerçiai pour son amitié, ajoutant que je n'aurais pas survécu sans elle. Elle me dit la même chose, même si nous savions toutes les deux qu'elle avait été la plus forte d'entre nous.

Suite à cette heureuse nouvelle, la réalité de cette situation bizarre dans laquelle nous nous trouvions commença à me sauter aux yeux. Quel trio improbable de personnes habitant cette ferme, située à flanc de montagne : deux jeunes filles juives polonaises dans les montagnes de Tchécoslovaquie vivant dans l'étable d'un ancien soldat allemand. Avant la guerre, qui aurait pu imaginer un tel scénario. Je souris en y pensant.

La guerre était terminée, mais qu'est-ce que cela signifiait ? À court terme, nous étions en sécurité, mais sur le long terme, le danger et l'incertitude nous guettaient toujours. Avec le recul, je sais à présent que de nombreux juifs sont morts entre la fin des affrontements et la prise de contrôle par les Alliés. La fin de la guerre ne les avait pas sauvés. Ils n'avaient pas pu surmonter les mauvais traitements qu'ils avaient subis. J'étais moi aussi en danger. Les gelures et la gangrène allaient-elles finir le travail des nazis ? Je me demandais aussi ce qu'il était advenu des autres détenues qui étaient avec nous lors de notre évasion. Certaines avaient-elles survécu ou les gardes les avaient-elles toutes tuées ? J'espérais que la prise de pouvoir par les Américains était parvenue à les en empêcher.

Le lendemain, le fermier allemand vint prendre de mes nouvelles. Il voyait bien que l'état de mes pieds ne s'améliorait pas et commença à s'inquiéter pour moi. Selon lui, il me fallait obtenir un traitement médical au plus vite, sinon, cela pourrait devenir mortel. Sur ce, il prit immédiatement la route pour Prachatice. Il se rendit dans le bureau du maire et lui expliqua la situation désespérée dans laquelle je me trouvais. Le maire trouva quelqu'un en mesure de prêter un cheval et une charrette au fermier. En quelques heures, il était de retour pour me charger dedans. Lili monta à bord avec nous et nous descendîmes la montagne pour rejoindre la ville.

À l'hôpital, on commença par m'examiner. Après avoir jeté un rapide coup d'oeil à mes pieds, le docteur m'annonça qu'une opération immédiate était nécessaire. Il n'y avait pas de temps à perdre. Je fus ensuite emmenée, lavée et conduite au bloc opératoire par les infirmières. J'avais remarqué que l'ensemble du personnel - docteurs et infirmières, qui étaient en grande partie des bonnes sœurs - était allemand. À présent, ma vie était de nouveau entre les mains de personnes qui avaient redoublé d'efforts pour me tuer tout au long de la guerre.

Ces hommes et ces femmes avaient probablement été loyaux envers Hitler et le Troisième Reich tout au long de la période de guerre, voire plus. Détestaient-ils les juifs, comme la quasi-totalité des autres Allemands que j'avais rencontrés ? Si c'était le cas, il n'y aurait pas de meilleure couverture pour tuer une juive de plus que pendant une opération chirurgicale sur un patient si proche de la mort. La vitesse à laquelle ils s'étaient préparés pour l'opération prouvait bien que j'étais à deux doigts de mourir. Étant dans l'incapacité de me lever et de m'enfuir, je n'avais d'autre choix que de leur faire confiance. Je me sortis cette idée de la tête, et un calme étrange finit par m'envahir.

Tandis que l'anesthésie commençait à faire effet, je ressentis soudainement une terrible solitude. Lili était repartie à l'étable avec notre vieil ami allemand. Je me demandais si je la reverrais un jour. Alors que j'étais sur le point de m'endormir, je revoyais dans mes yeux toutes sortes de scènes, d'événements horribles que j'avais vécus au cours de la guerre. À mi-chemin entre l'inconscience et l'éveil, je commençai à me demander si tout cela n'avait en fait été qu'un mauvais rêve.

L'HÔPITAL DE PRACHATICE
MAI 1945

J'entendais des voix, douces et réconfortantes, sans pour autant pouvoir comprendre ce qu'elles me disaient. Elles étaient comme brouillées. Une lumière trouble commença à envahir mes yeux. Puis je me souvins de mon cauchemar. Peut-être qu'une fois sortie de ce sommeil profond, je me réveillerais dans un lit, en sécurité, dans la maison de mon enfance à Częstochowa. Ce souhait fut interrompu par une douleur dans mes jambes et mes pieds. La lumière donnait forme à un lit étrange dans une drôle de pièce. Ce n'était pas Częstochowa. C'était l'hôpital de Prachatice. Mon cauchemar était bel et bien réel.

Je baissai les yeux vers mes pieds et la raison de ma présence ici me revint. J'avais les jambes bandées jusqu'aux genoux. Les bandages n'étaient pas en tissu ou en gaze. Ils étaient faits d'une sorte de papier gaufré, ressemblant à du carton. La guerre avait tellement perturbé les moyens d'approvisionnement que cet hôpital dut créer des pansements de fortune pour les blessures. Ce que j'avais vu m'avait glacé le sang. Ils ne m'avaient pas dit ce en quoi consisterait cette opération et j'avais eu peur de demander. Maintenant, j'étais trop effrayée à l'idée de savoir ce qu'ils avaient jugé bon de faire.

Une infirmière, habillée en religieuse, s'approcha de moi et m'informa du fait que l'opération avait été une réussite et que j'allais m'en sortir. J'avais peut-être réussi à lui sourire, mais j'étais tout sauf heureuse. Qu'est-ce que cela signifiait ? M'avaient-ils amputée des deux pieds pour empêcher la gangrène de se propager ? Je n'osais pas demander et l'infirmière ne me donna pas plus d'informations. Puis elle se pencha pour me soulever et me porter jusque dans la salle où je commencerai ma convalescence.

Cela m'avait surprise. Cette petite dame réussit à me soulever avec une telle aisance, puis m'avait portée aux bras dans le couloir jusque sur un lit d'hôpital. J'avais tellement maigri que j'étais devenue un "sac d'os". Elle devait certainement me prendre pour un nourrisson fragile. En arrivant près du lit, elle m'allongea délicatement, comme pour ne pas me briser.

Mon lit était situé juste à côté de la fenêtre et donnait sur la rue. Je pouvais voir les gens faire leur vie comme si rien ne s'était produit au cours des six dernières années. La seule chose qui semblait étrange était le fait que des militaires américains passaient occasionnellement devant la fenêtre. J'étais heureuse d'avoir cette vue sur un monde qui revenait à la normale. Mais pourrais-je jamais le ressentir ? Le monde qui était normal pour moi avait été détruit et ma famille avec.

Je pensais à ma chère amie, Lili. Comment allait-elle ? Pourquoi n'était-elle pas restée avec moi à l'hôpital ? Elle n'avait pas eu besoin d'opération, mais elle était en très mauvaise santé elle aussi, et elle avait besoin de tout autant de soins que moi. Je savais pourquoi elle était repartie avec le fermier. Tout comme elle s'était sentie investie d'une grande responsabilité pour m'aider dans notre détresse, elle se sentait maintenant investie de la responsabilité d'aider ce fermier à accomplir certaines tâches, puisqu'il avait été si généreux et si compatissant envers nous. Elle était retournée pour l'aider à nettoyer sa maison, laver quelques vêtements et effectuer d'autres tâches à la ferme. Je la respectais pour tout ce qu'elle faisait, mais j'avais aussi très envie de la revoir. J'espérais qu'elle viendrait bientôt me rendre visite.

Le lendemain, le maire de Prachatice vint me rendre visite. J'appris que c'était lui qui avait arrangé mon transfert vers l'hôpital, à la demande du fermier. Le maire était content de voir que l'opération avait été un succès et que je m'en remettais bien. Il était venu me voir à l'hôpital avant l'opération pour prendre de mes nouvelles. Il avait dit aux médecins que j'étais une survivante juive et qu'il les tiendrait responsables de mon sort. Il leur avait ordonné de faire tout ce qu'ils pouvaient pour que je retrouve toute ma santé. Le fait qu'il se soit senti obligé d'intervenir de cette manière me fit comprendre que mes craintes, vis-à-vis du fait que les médecins étaient allemands, n'étaient pas infondées. Sa visite m'avait apporté beaucoup de réconfort et, à la suite de celle-ci, je fus enfin en mesure de faire confiance au personnel de l'hôpital.

Deux jours plus tard, les infirmières entrèrent dans la chambre pour changer mes bandages. On me ramena dans la salle d'opération, avant de m'allonger sur la table. J'ignorais toujours s'ils m'avaient amputée les pieds ou pas. Alors qu'ils enlevaient les couches une par une, mon cœur se mit à battre de plus en plus vite. Je commençais à me sentir faible et j'avais du mal à respirer. Je n'avais toujours pas le courage de leur demander si mes pieds étaient encore là. Je gardais la tête à plat sur la table, refusant de regarder pendant qu'on enlevait la dernière couche de pansements. Les unes après les autres, les infirmières évaluèrent l'état de ma guérison. Puis l'une d'elles me demanda de m'asseoir et de regarder. J'hésitai. Elle me dit à nouveau de regarder. L'inflection dans sa voix me donna du courage. Je me redressai lentement avant de regarder vers le bas.

J'avais toujours mes deux pieds !

La tension quitta mon corps, et avec elle, la pression de cette profonde inspiration que j'avais retenue tout en me redressant pour regarder mon pied. Non seulement mes pieds étaient toujours là, mais j'avais encore mes dix orteils. Pas un seul n'avait eu besoin d'être amputé. Je n'avais pas eu la gangrène. Si j'avais attendu un jour de plus, ou peut-être même une heure de plus, mon destin aurait peut-être été différent. Je m'allongeai sur le lit, fermai les yeux, et pour la première fois depuis plusieurs années, je me sentis enfin hors de danger.

Le jour suivant, une grande surprise m'attendait. Lili était venue me rendre visite. Nous nous enlaçâmes puis elle s'assit à côté de moi sur le lit et nous commençâmes à discuter. Elle me raconta tout ce qu'elle faisait pour le fermier, qu'il lui en était reconnaissant et qu'il la traitait bien. Quand arriva pour elle le moment de partir, je la suppliai de rester avec moi. J'avais désespérément besoin de sa compagnie et je savais qu'elle aussi avait besoin de plus de soins que ceux qu'elle recevait à la ferme. Elle avait besoin de repos plutôt que de travailler si dur.

Mes supplications finirent par la convaincre. Les infirmières l'autorisèrent à rester si elle acceptait de partager mon lit, qui n'était pas très large, mais vu que nous étions si minces, il y avait suffisamment de place pour nous accueillir toutes les deux. Assises sur le lit, nous regardions par la fenêtre. Deux soldats américains, dotés de casques de combat et d'armes, passèrent en face de nous. Nous nous retournâmes, avant d'échanger un sourire.

EN VOIE DE GUÉRISON
JUIN 1945

Plusieurs semaines s'étaient écoulées depuis mon opération. Je guérissais doucement, mais sûrement. Je ne pouvais toujours pas marcher, mais je reprenais du poids. Au cours de ces semaines, les religieuses m'avaient nourrie généreusement. Elles avaient été si choquées par ma perte de poids qu'elles se démenaient pour m'apporter la meilleure nourriture de tout l'hôpital. Elles m'avaient même offert des denrées provenant de la réserve particulière des médecins, située dans la cave. À cela s'ajoutait parfois même un peu de vin pour accompagner mon dîner. Au-delà d'être délicieux, ces repas avaient un autre but. Elles pensaient que cela augmenterait mon appétit, et elles avaient raison.

Chaque jour de ces premières semaines, étant incapable de mettre un pied devant l'autre, une infirmière me portait aux bras jusqu'à la balance pour que je me pèse. Elles me mettaient sur la balance avec moi dans leurs bras, parce que je ne tenais pas sur mes jambes. À chaque kilogramme que je prenais sur la balance, c'était l'euphorie pour elles. J'étais contente de prendre du poids, mais je commençais à prendre de la graisse. Quand j'y repense aujourd'hui, je n'apprécie pas autant ce zèle qu'elles affichaient à me faire grossir. Depuis cette époque, je n'ai eu de cesse d'avoir des problèmes avec mon poids. Mais, après avoir été une *Muselmann*, je suis bien plus heureuse avec mon problème de poids actuel.

Un jour, le maire nous rendit à nouveau visite. Il remarqua l'état dans lequel étaient nos vêtements, qui étaient de vieux haillons déchirés. Lili les avait nettoyés du mieux qu'elle pouvait, mais ils n'étaient plus utilisables. Il dit qu'il nous aiderait à nous en procurer d'autres, en meilleur état. Lui et Lili partirent immédiatement à leur recherche. Les magasins de vêtements de la ville n'avaient pas encore rouvert. Mais, à proximité, se trouvait un entrepôt contenant des biens volés aux juifs par les Allemands locaux. J'ignorais comment ils avaient été identifiés et catalogués. Il y avait beaucoup de vêtements dans cet entrepôt. Le maire avait emmené Lili avec lui pour qu'elle l'aide à en choisir quelques-uns pour nous deux. Elle retourna à l'hôpital les bras chargés de jupes, de chemisiers, de pantalons, de chapeaux et de foulards, de sous-vêtements et de chaussures. Tous étaient en excellent état. Quel plaisir d'avoir à nouveau des vêtements corrects ! Petit à petit, nous commencions à nous sentir à nouveau humaines.

Lili et moi apprécions le temps que nous passions ensemble. Pour la première fois, nous prenions le temps de nous connaître l'une l'autre sans sentir la menace de la mort planer au-dessus de nos têtes. Nous aimions observer la vie à Prachatice depuis notre fenêtre, surtout les beaux soldats américains.

Un jour, je me réveillai et regardai à l'extérieur. C'était un magnifique matin d'été. Le soleil matinal illuminait les bâtiments le long de la rue et tout semblait propre et rafraîchi. J'ouvris la fenêtre en grand et me penchai pour respirer l'air chaud. Les gens se déplaçaient d'un pas vif, vaquant à leurs occupations quotidiennes. Je les regardais marcher sans peine et me demandais quand je pourrais faire de même.

Quelques minutes plus tard, un soldat américain passa juste en face de moi. Il me dit bonjour et s'arrêta. J'étais ravie qu'il ait envie de discuter avec moi, mais je ne parlais pas un mot d'anglais, ce qui me rendait nerveuse. À ma grande surprise, il commença à parler en polonais. Il ne parlait pas très bien la langue et bégayait un petit peu. Il avait du mal à faire des phrases complètes et à prononcer les mots distinctement, mais c'était suffisant pour nous permettre d'échanger un peu.

Il avait des origines polonaises, mais comme il était né aux États-Unis, il n'avait jusque-là pas ressenti le besoin de se perfectionner dans la langue. Après lui avoir dit que j'étais juive, il m'indiqua que certains des soldats américains qui se trouvaient ici étaient juifs eux aussi. J'étais heureuse de l'apprendre, mais encore une fois, cela me rendit nerveuse parce que je ne parlais pas anglais. Tôt le lendemain matin, plusieurs d'entre eux vinrent me voir. Pour mon plus grand bonheur, tous parlaient yiddish, il nous fut donc possible d'apprendre à nous connaître et de lier une amitié.

Ces jeunes hommes galants étaient si gentils avec nous. Ils nous apportaient du chocolat, des bonbons ainsi que d'autres friandises. Certains présents qu'ils nous faisaient avaient une finalité plus pratique, comme des brosses à dents ou du dentifrice. Nos dents étaient en mauvais état après toutes ces années de négligence presque totale, donc ce genre de cadeaux était particulièrement appréciable. Ce fut un délice de recevoir ces attentions, mais ce sont la chaleur et la sollicitude dont ils faisaient preuve à notre égard qui furent les plus beaux des cadeaux.

Notre amitié avec ce groupe de soldats s'était renforcée. Le fait d'être confinées à l'hôpital limitait nos chances de nous réunir. Cela me motiva à travailler dur pour retrouver la capacité de marcher. Au cours des deux semaines suivantes, je me suis efforcée de renforcer mes jambes et de m'entraîner à marcher. C'était un travail très difficile, mais je réussis finalement à pouvoir marcher à nouveau. Je me souviens du jour où j'ai quitté l'hôpital sur mes deux pieds. Qu'est-ce que j'avais hâte de pouvoir sortir dans les rues. Les soldats nous accompagnaient dans notre promenade du soir et nous allions de temps en temps pique-niquer à la campagne.

À ce moment-là, j'étais presque totalement guérie, il nous fut donc possible de quitter l'hôpital. Heureusement, le personnel de l'hôpital ne nous força pas à quitter les lieux, sachant que nous n'avions nulle part d'autre où aller. Je leur en étais reconnaissante. Si nous avions été dans un autre endroit où il y avait eu beaucoup de réfugiés et de survivants, nous n'aurions probablement pas eu ce luxe. Pendant longtemps, Lili et moi étions les seules survivantes habitant Prachatice, à ma connaissance. Un jour, une Hongroise fut admise à l'hôpital, élevant à trois le total de survivantes. S'il y en avait eu plus, je suis certaine que nous aurions été forcées de partir, puisque notre état de santé nous le permettait.

L'état de santé de la Hongroise était pire que le mien. Cela semblait impossible, mais elle était encore plus maigre et fragile que je ne l'étais. Elle était si faible qu'elle pouvait à peine parler, et elle avait une plaie béante à l'arrière de son cou. Je n'oublierai jamais cette image. La plaie était remplie de pus et, tout autour d'elle, la peau pourrissait. Pendant la guerre, j'avais vu de nombreuses représentations étranges de corps humains, mais celle-ci, pour une raison quelconque, me hante encore comme peu d'autres.

DE NOUVEAU HUMAINES
JUILLET 1945

L'inquiétude que le maire ressentait à notre égard nous émouvait. Cela nous rassurait sur le fait que nous serions protégées et soignées tout au long de notre séjour en ville. Le maire n'avait clairement pas été favorable à l'agression allemande qui eut lieu dans son pays. D'autres dans cette région éprouvaient un ressentiment similaire vis-à-vis de l'occupation allemande et de la souffrance que la guerre avait entraînée pour un grand nombre de personnes sur place mais aussi à travers l'Europe. Des histoires de tentatives de vengeance en Tchécoslovaquie nous parvenaient. Cette région étant si proche de la frontière allemande, certains Allemands y vivaient depuis plusieurs années, bien avant que la guerre ne commence. Parmi eux, quelques-uns étaient arrivés après le début de la guerre, arrachant leurs terres aux Tchèques dans le but de constituer ce qu'Hitler avait appelé un "espace vital" en Europe de l'Est pour les Allemands. Avant la guerre, Hitler avait été clair sur ce point : la Bohême et la Moravie, dont faisait partie cette région de la Tchécoslovaquie, appartenaient aux Allemands depuis des milliers d'années. Pendant la guerre, il l'avait annexée et les Allemands étaient venus s'y installer, pensant réclamer des terres qui leur revenaient.

Maintenant que la guerre était terminée, les Tchèques, qui voulaient reprendre ces terres, avaient décidé de s'unir pour récupérer leurs biens. Ils avaient donc organisé un plan afin d'expulser les Allemands de la région. Bien entendu, ces actions étaient justifiées, toutefois certains Tchèques n'avaient pas hésité à tirer parti de la situation en volant les terres de personnes innocentes. Nous haïssions les Allemands pour ce qu'ils nous avaient fait. Il nous arrivait même de penser que, si l'opportunité de nous venger nous était accordée, nous les tuerions tous. Malgré cela, il ne nous faudrait pas attendre longtemps pour que nous nous retrouvions à empêcher l'un de ces accaparements de terres.

Un jour, notre ami fermier - qui était allemand - nous rendit visite à l'hôpital, visiblement apeuré et bouleversé. Les habitants de la région essayaient de récupérer sa propriété, affirmant qu'il était un partisan des nazis. Il était venu nous demander de l'aide. Il voulait que l'on dise à ces gens qu'il ne détestait pas les juifs et qu'on leur raconte tout ce qu'il avait fait pour nous. Avec enthousiasme et sans la moindre hésitation, nous acceptâmes sa requête.

Quelques jours plus tard, il y eut une audience pour qu'il puisse se défendre, non seulement contre les accusations portées contre lui, mais aussi contre la tentative de saisie de sa ferme. Bizarrement, nous ne fûmes emmenées ni dans un tribunal ni dans un bâtiment gouvernemental, mais dans le grenier d'une maison en centre ville. Le fermier allemand était assis, en face de plusieurs Tchèques de la région. L'atmosphère y était étrange. Dotée d'un toit plutôt bas, la pièce était étroite et très sombre. Les hommes qui s'apprêtaient à le questionner n'étaient ni des juges ni des membres du gouvernement, juste des citoyens ordinaires. Ce n'était ni notre droit ni notre devoir d'interroger la validité - voire la légalité - de cette "audience", mais Lili et moi avions plus l'impression d'être devant à un tribunal fantoche qu'autre chose.

Nous racontâmes notre histoire, insistant sur les efforts que notre ami avait fournis pour nous venir en aide. Nous fîmes en sorte d'être aussi claires que possible, notamment sur le fait qu'il avait risqué sa propre vie pour nous aider et qu'il s'était surpassé à plusieurs reprises pour nous offrir le soin et le confort nécessaires à notre survie. Le tribunal avait écouté attentivement, puis nous avait posé quelques questions. Une fois notre récit terminé, ils nous remercièrent et nous quittâmes le lieu sans connaître le sort qui serait réservé à notre ami. Quelques jours plus tard, la bonne nouvelle quant à notre témoignage nous parvint : nous avions réussi à prouver aux habitants que cet homme n'était pas un nazi, et donc, ils acceptèrent de lui laisser sa ferme.

Aujourd'hui, on me demande souvent ce que je pense des Allemands. C'est une question tout à fait juste et naturelle, vu l'horreur inégalable qu'ils ont été capables d'infliger aux juifs de toute l'Europe. Je dirais qu'au cours de ces terribles années, j'ai développé envers eux une haine plus profonde que jamais. Je passais mon temps à imaginer comment je leur ferais payer leurs actes. La plupart des juifs partageaient ce même état d'esprit. Comment aurions-nous pu ne pas ressentir cela ? Une fois la guerre terminée, certains juifs étaient passés aux actes et s'étaient vengés en perpétrant des massacres isolés contre des Allemands. Mais pour la plupart d'entre nous, ce n'était qu'un fantasme - et celui-ci ne tarderait pas à se dissiper. Je sais que je n'en aurais pas été capable. J'avais vu trop de massacres. Je ne veux plus jamais revoir quoi que ce soit de tel, pas même à leur encontre.

Cependant, nous voulions que justice soit faite et qu'elle condamne ces criminels et ces assassins qui avaient planifié, ordonné et exécuté leur tentative d'éradiquer une ethnie entière. Les différents procès de chefs nazis et de leurs hommes de main qui ont eu lieu après la guerre nous ont procuré une grande satisfaction. Mais le fait que Lili et moi avions été en mesure d'aider cet homme, même s'il était allemand, m'avait donné une grande satisfaction : cela m'avait permis de soigner ma haine vis-à-vis de ceux qui nous avaient torturés avec une telle cruauté. C'était une leçon qui m'avait permis d'apprendre que faire le bien quand quelqu'un vous a fait du mal est la seule manière de mettre un terme au cycle de la haine. Les Allemands nous avaient vus comme des créatures inférieures aux animaux. Ils avaient tout fait pour tenter de nous déshumaniser et nous pousser à nous comporter comme tels. Ces tentatives s'étaient parfois avérées fructueuses, par exemple, le jour où certaines détenues s'étaient presque entretuées pour de la nourriture. Mais, au bout du compte, c'est nous qui nous sommes montrées les plus fortes et qui avons gardé notre humanité.

Je suis triste d'admettre que nous avons perdu contact avec le fermier allemand peu de temps après la guerre. Nous ne l'avons plus jamais revu, ni n'avons reçu de ses nouvelles. Le gouvernement tchécoslovaque d'avant-guerre, démocratique et dûment élu, avait été réinstallé. Mais ce dernier subissait une forte pression du parti communiste et ne tarda pas à tomber sous le contrôle des Russes. Ayant prévu l'avènement d'une telle situation, nos amis américains s'étaient organisés pour nous faire rejoindre l'Autriche, qui resterait sous contrôle américain pendant plusieurs années après la guerre. Nous n'avons jamais eu l'occasion de retourner à Prachatice pour retrouver notre ami et le remercier. Cela m'attriste que je ne me souvienne même plus de son prénom.

VERS L'AUTRICHE
JUILLET 1945

Le moment de quitter Prachatice finit par arriver. Cela faisait trois mois que nous y étions. On nous conduisit jusqu'à la ville voisine de Volary, où nous fûmes heureuses d'apprendre que les autres détenues ayant survécu à la marche avaient été libérées. Une fois arrivées, elles nous racontèrent comment cette marche s'était terminée pour elles.

Alors que les Alliés se rapprochaient de plus en plus de lui, Dörr finit par comprendre qu'il serait bientôt sommé de libérer les femmes. Il ignorait quand, comment et où il pourrait faire cela. Près de la moitié des femmes étaient incapables de marcher et devaient être transportées sur des wagons et des camions. Dörr les emmena dans une usine de meubles locale pour les y loger, en attendant de décider de ce qu'il allait faire ensuite.

Même s'ils savaient que le temps leur était compté, certains gardes SS n'en avaient pas fini de tuer. À un certain moment, après notre départ, des avions alliés avaient survolé la marche et tiré avec leurs mitraillettes sur la marche, tuant et blessant plusieurs gardes. En guise de représailles, ils décidèrent d'abattre douze femmes au hasard. Les gardes étaient furieux d'avoir été les seuls à subir des pertes et qu'aucune des détenues n'ait été blessée. Ils prirent donc leur "revanche" sur ces innocentes.

Dans un autre événement cruel, un groupe de 22 femmes qui s'étaient échappées, avant d'être capturées à nouveau, avait été forcé de poursuivre la marche à flanc de montagne. Les gardes SS les avaient obligées à gravir la pente raide en courant. Tandis qu'elles couraient, les gardes commencèrent à abattre les filles les plus lentes qui traînaient la patte. Avant même que ce soit fini, 17 filles sur 22 avaient été tuées. Les cinq qui restaient avaient été épargnées pour la seule raison qu'elles avaient eu suffisamment d'énergie pour s'enfuir ou se cacher.

Dörr, qui savait que les Américains le rattraperaient bientôt, ne voulait pas être capturé en ayant toujours des détenues sous son joug. Il décida de remettre les femmes aux "forces de police" locales, afin de préparer sa fuite.

Ces "forces de police" étaient, pour la plupart, constituées d'hommes trop âgés pour se battre au front. Ils conduisirent alors les femmes au sommet d'une montagne surplombant Volary. Une fois arrivées, elles furent rassemblées dans une prairie. Une pluie constante s'abattait sur elles, les trempant jusqu'aux os. À aucun moment elles ne reçurent de nourriture.

La nuit tomba rapidement, laissant les femmes affamées et éreintées dans la nuit glaciale et humide. Cette nuit fut très longue. Toutes les femmes étaient restées dans la prairie jusqu'à ce que les premiers rayons du soleil commencent à poindre. Petit à petit, elles se rendirent compte que personne n'était présent pour les surveiller. Les vieux hommes s'étaient enfuis dans la nuit, craignant que les troupes américaines ne les retrouvent. Certaines femmes quittèrent alors la prairie pour se cacher dans les bois environnants, mais la plupart d'entre elles ne réalisaient pas qu'elles étaient enfin libres. Elles restèrent assises dans l'herbe, attendant le retour des gardes. Elles étaient effrayées à l'idée d'être retrouvées et tuées si elles s'enfuyaient.

Le 6 mai 1945, les Américains arrivèrent à Volary. La marche arriva enfin à son terme, et les femmes furent libérées. Le massacre avait cessé, mais davantage de femmes perdraient la vie. Parmi celles qui avaient survécu jusqu'à la libération, un nombre non négligeable mourut peu après des conséquences de leurs maladies. Sur les 2000 femmes qui subirent cette marche, seules 300 survécurent.

Quand les forces américaines arrivèrent à l'usine de meubles de Volary, ils tombèrent nez-à-nez avec 120 femmes agonisant sur le sol. L'un des soldats dit que, la première fois qu'il les vit, il pensa qu'il avait devant lui, non pas des jeunes filles, mais de vieux hommes. Quand il demanda à certaines d'entre elles leur âge, et qu'il découvrit qu'elles n'étaient que des adolescentes, il fut choqué. Il pensait qu'elles avaient soixante ou soixante-dix ans. Les femmes furent transportées à l'hôpital de Volary. Les soldats allemands blessés furent sommés de leur laisser leurs places. Les archives montrent que ces femmes pesaient entre 30 et 40 kilogrammes. Elles étaient extrêmement dénutries, couvertes de poux et trop faibles pour pouvoir marcher. Plusieurs d'entre elles souffraient de dysenterie, de plaies et d'ulcères sur tout le corps. Leurs pieds étaient enflés et couverts d'engelures.

Pendant ce temps-là, dans les prairies de la montagne, l'autre moitié des survivantes finit par se laisser convaincre que la voie était libre. Elles descendirent de la montagne jusque dans la ville d'Husinec, où elles furent recueillies et prises en charge par les habitants locaux. Un hôpital de fortune fut installé dans une école et les gens leur apportaient de la nourriture facile à digérer.

J'étais arrivée à Volary au cours de la deuxième quinzaine de juillet. Je n'y resterai que quelques jours, avant de monter à bord d'un camion en partance pour Salzbourg, en Autriche. Les soldats américains s'activaient pour nous faire sortir de Tchécoslovaquie avant que les Russes n'en prennent le contrôle.

À Salzbourg, nous serions transportées jusque dans un "camp PD" ou "camp pour Personnées Déplacées." Il y en avait dans toute l'Europe. Des dizaines de milliers de survivants juifs de toute l'Europe de l'Est y furent envoyés. À l'exception du fait que nous n'y étions ni assassinées ni affamées, ce n'était pas beaucoup mieux que les camps dans lesquels nous avions été détenues par les nazis jusqu'à présent. Ces camps étaient étroits, sales et la nourriture était mauvaise. En plus de cela, nous avions l'impression d'y être prisonnières : nous n'avions pas le droit d'entrer et de sortir à notre guise. Il nous fallait obtenir des autorisations spéciales pour nous aventurer à l'extérieur du camp. Ces autorisations n'étant pas toujours très simples à obtenir, nous faisions souvent le mur pour sortir du camp.

Toutefois, la vie reprenait des couleurs, et je n'allais pas tarder à rencontrer mon futur mari et amour de ma vie.

DÉPLACÉE AVEC LONEK - SALZBOURG
JUILLET 1945

Bien que le trajet en camion de Volary jusqu'à Salzbourg fut tumultueux et éreintant, le paysage qui se déployait sous nos yeux à mesure que nous montions dans les Alpes autrichiennes était à couper le souffle. Les collines s'élevaient à pic au-dessus des routes de montagne et étaient bordées de maisons autrichiennes typiques accrochées à leurs bords. Leurs extérieurs bruns et blancs contrastaient avec le vert profond du terrain herbeux sur lequel elles se trouvaient.

Le voyage fut difficile, mais j'étais heureuse de sentir l'optimisme me gagner à nouveau. Ma santé s'améliorait, mais il restait des séquelles de ces années de négligence et de mauvais traitements subis par mon corps.

Nous arrivâmes enfin au camp PD. À cette époque, Salzbourg était contrôlée par les Américains et constituait le centre de leurs opérations en Autriche. Il y avait plusieurs camps PD ici, et tous étaient sous la direction de l'UNRRA, ou Administration des Nations unies pour le secours et la reconstruction. Fondée vers la fin de l'année 1943, l'organisation fournissait de l'aide aux régions d'Europe ayant été détruites par la guerre. C'était un précurseur des Nations Unies, fondées quelques années plus tard en 1945.

Il y avait beaucoup de monde dans le camp, qui était très spartiate. Précédemment, celui-ci avait servi de base militaire pour les armées allemande et autrichienne. Il s'agissait principalement de bureaux et d'autres types de bâtiments, mais certains d'entre eux avaient été convertis en dortoirs pour les réfugiés. Les lits n'étaient pas très confortables, car ils n'avaient ni matelas ni literie. Nous n'avions que des draps et des coussins remplis de paille. Lili et moi partagions un lit superposé, situé en plein milieu d'une grande baraque. L'Autriche avait reçu plus que sa part de personnes déplacées, vu que de nombreux autres pays européens refusaient de les accepter. De ce fait, il n'était pas toujours simple d'obtenir l'autorisation de quitter le camp - les autorités souhaitant limiter les problèmes potentiels et les plaintes des habitants locaux, susceptibles de se sentir submergés par l'arrivée d'un si grand nombre de réfugiés.

Mon amitié avec Lili devenait de plus en plus forte, et nous commencions à parler de ce que nous souhaiterions faire dans le futur. Nous ressentions toutes les deux un profond désir de nous marier et de fonder une famille. La vie pourrait-elle revenir à la normale après tout ce que nous avions vécu ? C'est ce que nous commencions à croire.

Un jour, après quelques semaines passées dans ce camp, Lili et moi étions en train de discuter sur notre lit quand nous aperçûmes deux garçons entrer dans notre bâtiment. De toute évidence, ils étaient nouveaux ici et semblaient un peu perdus. Nous les trouvions mignons, c'est pourquoi nous avions remarqué leur arrivée. Ils entrèrent timidement, inspectant la pièce des yeux. Qui étaient-ils ? Et, que voulaient-ils ?

Soudain, les deux garçons se mirent à nous fixer des yeux très ouvertement. L'attraction était mutuelle. Ils s'approchèrent de nous.

Je sentis mon coeur se serrer tandis que la nervosité me gagnait. J'étais heureuse qu'ils prennent l'initiative de venir nous parler.

Ils se présentèrent et commencèrent à nous raconter ce qui les avait amenés jusqu'ici. Leur voyage depuis la Pologne jusqu'en Autriche avait été riche en rebondissements. Pendant des semaines, ils avaient emprunté plusieurs trains, sans savoir exactement où cela les conduirait ensuite. Ils étaient déterminés à se rendre en Autriche et à s'éloigner des régions contrôlées par les Russes qui fermaient progressivement. Tout au long de leur voyage, ils avaient échappé à la poursuite des soldats soviétiques et évité les autorités qui surveillaient les chemins de fer. Ils avaient sauté d'un train en marche à l'autre, s'accrochant tant bien que mal au sommet des wagons. Ils semblaient robustes et aventureux, mais aussi déterminés et ingénieux - et ces deux derniers traits de caractère me plaisaient beaucoup. Il s'agissait de traits que j'avais moi-même appris à développer afin de survivre.

Rapidement, Lili et moi nous étions bien entendues avec ce duo. C'est comme si nous étions instantanément devenus amis. Assez soudainement, toutefois, ils nous avouèrent qu'ils étaient à la recherche d'un endroit où rester. Et, malgré leurs recherches dans notre caserne, ils n'avaient pas trouvé un seul lit de libre. Je sentis mon cœur se serrer dans ma poitrine. Je savais qu'il n'y avait probablement plus de lits nulle part dans le camp. Sans réfléchir, je lâchai : "Pourquoi ne prendriez-vous pas notre couchette du haut ? Lili et moi pouvons dormir ensemble ici sur la couchette du bas et vous deux pouvez dormir ensemble là-haut." J'avais du mal à croire que ces mots-là venaient de sortir de ma bouche. Je me tournai vers Lili, m'attendant à ce qu'elle me réprimande pour avoir fait une offre aussi généreuse à ses dépens. À ma grande joie, elle accepta de bon cœur et les pria d'accepter ma proposition. Les deux amis échangèrent un regard et sourirent. En quelques minutes, nous étions passés du statut de parfaits étrangers à celui de colocataires. Et cet élan ne nous induirait pas en erreur.

L'un d'eux m'avait tout particulièrement tapé dans l'œil. Il s'appelait Lonek. Lui aussi était polonais, mais il venait du sud-est du pays, non loin de l'Ukraine. Son histoire était tout à fait unique, elle me fascinait. Il avait vécu caché pendant neuf mois dans un bunker secret. De nombreux juifs avaient utilisé cette même stratégie, mais la majorité d'entre eux avait été retrouvée. Ce qui rendait son histoire particulièrement singulière, c'était non seulement la conception ingénieuse du bunker qui l'avait abrité, mais également l'homme qui l'avait construit et qui avait aidé Lonek et sa famille à se cacher : en effet, avant la guerre, cet homme avait été un fervent antisémite. En 2021, l'histoire de Lonek a été publiée dans un livre intitulé, *Sauvez mes Enfants. Un étonnant récit de survie et de son héros improbable.*

Au cours des jours et des semaines qui suivirent, nous étions tous les quatre devenus de très bons amis. Nous nous organisions pour faire le mur ensemble et pour partir en expédition dans la ville et à la campagne. Nous adorions nous rendre à Salzbourg et flâner dans les parcs et les esplanades. C'était une ville où la musique était omniprésente et dans laquelle on pouvait sentir la naissance d'un regain d'optimisme après ces sombres années. C'était une période romantique pour nous. Nous pique-niquions dans les parcs, mais surtout, nous adorions visiter le magnifique château qui se trouvait au sommet d'une colline voisine.

Lonek et moi développions plus qu'une simple amitié. Ni lui ni moi ne savions de quoi demain serait fait. Tout ce que nous savions, c'était que nous ne pouvions pas rester ici trop longtemps. Il nous faudrait nous installer ailleurs. Mais où ? Je craignais que nos chemins ne se séparent. Et ce n'est pas l'avenir qui me contredirait.

QUITTER SALZBOURG
AOÛT 1945

Nous avons vécu une période fantastique à Salzbourg. Même si nous vivions dans des conditions déplorables au camp PD, les environs de la ville étaient tout à fait charmants - et quel contraste par rapport à ce que nous avions vu ces six dernières années ! Lonek et moi continuions d'explorer la région autant que nous le pouvions, au vu des restrictions de mouvement qui nous étaient imposées à l'extérieur du camp. Nous avions visité le château d'Hohensalzbourg - la forteresse qui surplombait la ville depuis le sommet de la montagne - à plusieurs reprises.

C'est durant l'une de ces visites que j'ai eu la chance de retrouver l'un de mes cousins. J'ignorais jusque-là qu'il avait survécu à la guerre. Il s'appelait Juzek, c'était le fils du frère de ma mère. Lonek et moi venions de terminer notre visite du château, et nous apprêtions à descendre avec le téléphérique. Celui-ci venait tout juste d'acheminer quelques touristes au sommet de la montagne. Parmi les passagers qui sortaient du véhicule, j'aperçus Juzek. J'allai à sa rencontre et nous nous retrouvâmes sur le quai d'embarquement. Quelle surprise mitigée ! D'un côté, c'était une très bonne chose de savoir que quelqu'un d'autre dans ma famille avait survécu, et de l'autre, cela me rappelait tristement que tant d'autres avaient péri.

Il m'avait fallu attendre plusieurs mois après la guerre pour l'apprendre, mais nous étions en réalité plusieurs à avoir survécu. L'un des frères de ma mère était encore en vie, ainsi qu'une de ses cousines. Mon oncle s'appelait Josef, et leur cousine était une femme nommée Rina. Trois de mes cousins du côté de mon père avaient également survécu - deux femmes, Helen et Lucy, et un homme, Paul.

Mon oncle Josef a déménagé en Israël après la guerre et je lui avais rendu visite quelques années plus tard. Lors de ce séjour, j'ai appris que la mère d'Halinka avait miraculeusement survécu. Josef s'était remarié et, par le plus grand des hasards, sa nouvelle femme était amie avec elle. Lorsqu'on me l'annonça, j'étais impatiente de la rencontrer et de lui raconter l'histoire d'Halinka. Un jour, la mère d'Halinka vint justement nous rendre visite. Juste avant son arrivée, la femme de mon oncle me prit à part pour m'interdire de dire quoi que ce soit au sujet d'Halinka. Elle craignait que cela ne soit lourd pour son cœur fragile. Sur le moment, j'avais compris et obéi. Pourtant, je regrette toujours de ne pas lui avoir raconté les actes héroïques de sa fille et du combat qu'elle a mené jusqu'à la fin. Je pense qu'elle aurait aimé connaître les moindres détails de cette histoire.

Chaque jour qui passait nous rapprochait un peu plus, Lonek et moi, et rendait encore plus intense l'incertitude que nous ressentions dans nos vies respectives. Cette liberté nouvellement retrouvée, et le fait d'avoir survécu au plus grand crime que l'histoire ait connu, nous enivrait. Nous n'avions jamais connu de période aussi insouciante et aussi libre dans nos vies : nous passions notre temps à nous reposer, à nous détendre et à jouer. En même temps, l'angoisse par rapport à notre avenir nous gagnait. Même si nous avions pensé à plusieurs scénarios, le futur nous semblait trop incertain pour envisager de nous marier : nous n'avions ni métier, ni éducation scolaire, ni perspective d'avenir. Nous n'avions pas non plus de pays, de citoyenneté ou d'argent. Où pourrions-nous aller ? Comment pourrions-nous subvenir à nos besoins ?

Tout comme moi, Lonek ressentait ce besoin de s'installer quelque part - très loin du camp PD. Peu de temps après cela, le hasard fit qu'il retrouva l'un de ses amis de Tluste, sa ville natale d'Ukraine. Ils avaient atterri dans le même camp PD par pure coïncidence. Son ami lui avait sauvé la vie lors d'une aktion en l'emmenant dans le bunker de sa famille. Ils étaient très heureux de se revoir. Son ami s'appelait Wilo, et il savait déjà où il irait après son séjour au camp PD. Wilo était décidé à se rendre en Palestine. Mais, à cette époque, les juifs n'avaient pas le droit de s'y rendre, ce qui rendait difficile et dangereuse toute tentative de braver cet interdit. Le risque était de finir emprisonné ou, pire, d'être assassiné.

Malgré cela, Wilo réussit assez rapidement à convaincre Lonek de le suivre. Ils avaient prévu de traverser la frontière autrichienne en passant par les Alpes, puis de continuer jusqu'en Italie, d'où ils seraient envoyés clandestinement en Palestine. Quand il m'annonça son plan, mon cœur se serra. Bien entendu, j'étais triste de me séparer de lui mais, et avant toute autre chose, j'avais peur qu'il y laisse la vie. Je savais que son parcours serait jonché de dangers divers et variés. Pourtant, malgré mon cœur lourd, je n'eus pas la force de le dissuader de partir. Quelle alternative avais-je à lui offrir ?

Peu de temps après, Lonek et Wilo s'en allèrent vers Innsbruck, le premier arrêt de leur long voyage jusqu'en Palestine. Après nous avoir fait des adieux larmoyants, je les regardai passer le portail du camp PD avant de s'éloigner au loin. Cela me rappela le jour où j'avais regardé mon père partir pour ne plus jamais le revoir. Bien entendu, Lonek et moi ne nous connaissions que depuis quelques semaines, la douleur n'était pas comparable. Pourtant, cela me rendait triste de penser que nous ne nous reverrions peut-être jamais.

Les jours qui suivirent son départ furent déprimants. Le camp PD de Salzbourg avait l'air encore plus spartiate et difficile sans Lonek pour me distraire. Je savais qu'il y avait d'autres camps en Autriche, et j'avais entendu dire que bon nombre d'entre eux n'étaient pas aussi pleins et aussi désagréables à vivre que ne l'était celui-ci. L'idée de demander à être transférée m'envahissait de plus en plus. J'entendis dire que l'un d'entre eux était situé près d'une très jolie ville de montagne nommée Ebensee. Il s'appelait Steinkogel. C'est là que je demandai à être envoyée. Heureusement, ce transfert me fut accordé, et sans plus attendre, je fis mes affaires et partis en direction de ce nouveau camp. Quelques jours plus tard, j'arrivais dans un camp bien plus sympathique que celui de Salzbourg. Les lits étaient dotés d'une belle literie et la nourriture y était étonnamment bonne. Et surtout, les réfugiés n'y étaient pas serrés comme des sardines.

Il n'y avait pas autant de choses à faire dans cette région de l'Autriche qu'à Salzbourg. Le camp était situé près d'une petite ville qui ne possédait pas le prestigieux patrimoine culturel de Salzbourg. Mais c'était une belle région, nichée au creux d'une vallée montagneuse, traversée par un lac magnifique. Je me sentais comme rajeunie et plus libre ici. Ce serait le moment de me réorganiser et de planifier les prochaines étapes de ma vie. Et c'était bon d'être loin de ces paysages et de ces points de repère qui me rappelaient constamment Lonek.

RÉUNIS
SEPTEMBRE 1945

Cela faisait à peu près deux semaines que j'avais quitté Salzbourg quand je reçus une incroyable surprise. Un jour, alors que j'étais assise sur mon lit, un visage très familier se pointa soudainement devant moi. C'était Lonek ! Il me dit bonjour, puis nous nous enlaçâmes un long moment. Je n'en croyais pas mes yeux ! Comment était-il arrivé jusqu'ici ? Pourquoi était-il là ? Et, qu'en était-il de la Palestine ? J'avais tant de questions à lui poser, mais j'étais tellement sidérée que je ne réussis pas à lui demander. Je ne pouvais que rire de joie.

Cependant, ma joie se transforma rapidement en inquiétude. Il n'avait pas l'air très en forme. Et je voyais bien qu'il avait du mal à parler. Au départ, je pensais que c'était dû à l'émotion qu'il ressentait en me revoyant, mais en réalité, il était malade. Après son arrivée à Innsbruck, il commença à se sentir mal. Il pensait tout d'abord que ce n'était qu'un rhume ou une petite grippe, mais plus les heures passaient, plus il avait du mal à respirer. Lui et Wilo devaient retrouver d'autres personnes à Innsbruck qui s'apprêtaient à se rendre en Palestine. Il devenait de plus en plus clair que Lonek n'était pas apte à faire ce voyage. Il mettrait non seulement sa vie en danger, mais aussi celles des autres. Essayer de traverser les Alpes à pied dans ces conditions n'était pas une option viable.

Lonek avait dû se résoudre à abandonner son projet de partir en Palestine. Il était resté quelques jours à Innsbruck pour se reposer, avant de faire le choix de retourner à Salzbourg auprès de moi. Quand il apprit que je n'y étais plus, il fit en sorte de se rendre jusqu'à Steinkogel. Le fait qu'il ait réussi à faire ce long périple tout en étant à peine capable de respirer me déconcerte toujours autant. J'aime à penser que c'était sa motivation. Je pense qu'il serait d'accord avec moi. Dans tous les cas, il était là à présent et nous étions de nouveau ensemble.

Malheureusement, cela ne dura pas très longtemps. Après quelques nuits passées dans le camp, Lonek commença à ressentir des difficultés de plus en plus grandes pour respirer. Chaque respiration qu'il prenait lui causait de fortes douleurs dans la poitrine, à tel point qu'il ne réussissait plus à dormir. Il espérait toujours que son état ne soit dû qu'à une mauvaise grippe, mais plus les heures passaient, plus il nous paraissait clair qu'il avait besoin de voir un médecin et vite. Dans le camp, il y avait deux docteurs juifs, il s'en alla donc les voir. Ils s'accordèrent à dire qu'il souffrait d'une pleurésie et que ses poumons étaient remplis de liquide. Si ce liquide n'était pas ponctionné bientôt, Lonek s'étoufferait.

Ils l'emmenèrent en urgence dans un hôpital voisin, à Ebensee. Les conditions d'accueil et de travail y étaient très mauvaises, car il s'agissait d'un hôpital de fortune. Celui-ci ressemblait davantage à l'un des camps de travail dans lesquels j'avais séjourné pendant mon calvaire qu'à un hôpital. Il y avait des lits superposés, sans literie appropriée. Seulement des sacs remplis de paille. Cet endroit pourrait-il fournir le traitement dont il avait besoin ? J'étais très inquiète pour lui, mais c'était la seule solution que nous avions.

Sans perdre une seconde, les médecins préparèrent leur matériel pour pouvoir drainer le liquide contenu dans ses poumons. J'étais heureuse de ne pas être présente pour voir cela, parce que l'opération est très douloureuse. Et ils n'avaient pas d'anesthésie à lui donner. Aujourd'hui encore, Lonek se raidit quand il repense à l'aiguille qu'on lui a insérée dans les côtes pour ponctionner le liquide. Le son que ce fluide faisait quand il atterrissait dans le seau métallique est aussi clair dans son esprit qu'il l'était ce jour-là.

Si douloureuse fut-elle, cette opération lui sauva la vie. Il était bientôt sur le chemin de la guérison, mais celle-ci était très lente. Je lui rendais visite aussi souvent que possible et j'essayais à chaque fois de lui apporter un petit cadeau pour lui remonter le moral. J'avais tissé des liens amicaux avec les cuisiniers de Steinkogel, nous aimions bien nous taquiner les uns les autres. J'en profitais pour demander quelques friandises comme des biscuits et des gâteaux à apporter à Lonek. Il y en avait généralement assez pour partager avec les autres patients de l'hôpital. Ainsi, chaque fois que j'arrivais, c'était comme une petite fête.

Les jours passaient, et l'état de santé de Lonek ne semblait pas s'améliorer. Je continuais de lui rendre visite à l'hôpital. Je faisais de mon mieux pour leur remonter le moral à tous, pas seulement à Lonek. Je passais donc tout mon temps à plaisanter et à rire avec eux, alors qu'au fond de moi, j'étais inquiète. Je n'osais pas montrer ma peur à Lonek. Pourquoi mettait-il si longtemps à se remettre ?

Un jour où je m'apprêtais à lui rendre visite, un médecin demanda à me parler seul à seul. Il m'avoua que lui et ses collègues étaient inquiets eux aussi quant à l'état de santé de Lonek. Il avait besoin d'un certain type de médicament fait à base de calcium qu'ils n'avaient pas été en mesure d'obtenir à cause de la rareté des stocks. Si on ne lui en donnait pas bientôt, il contracterait probablement la tuberculose. J'étais abasourdie par cette nouvelle, mais j'étais déterminée à faire tout ce qui était possible pour lui procurer le médicament. "Où puis-je le trouver ?" demandai-je.

Selon eux, je pourrais peut-être en trouver dans un autre camp PD. Je m'empressai de retourner au camp et de me préparer à partir immédiatement à la recherche du médicament. Mon premier réflexe fut de retourner au camp de Salzbourg, car je connaissais les médecins de ce camp et qu'eux aussi me connaissaient. À mon arrivée, je rencontrai l'un de nos amis, Salci Perecman, un juif lituanien qui avait une silhouette très grande et imposante. Plus âgé que nous, Salci était un personnage à l'allure rude. Quand je lui expliquai pourquoi j'étais là, il me dit : "Allons en ville et voyons si nous pouvons en trouver à la pharmacie locale."

Une fois sur place, nous entrâmes dans une pharmacie où nous demandâmes à obtenir ledit médicament. Le pharmacien nous dit qu'il n'en avait plus en stock. Pour une raison que j'ignore, j'eus l'impression qu'il n'était pas sincère. Je me mis donc à le supplier, lui expliquant que la vie de Lonek serait en danger s'il n'obtenait pas ce médicament. L'homme répéta une fois de plus qu'il n'en avait pas. Salci lui aussi devait se douter que l'homme mentait, parce qu'à ce moment-là, il s'approcha du comptoir et se redressa de tout son long. Il plongea son regard dans celui du pharmacien, avant de lui dire d'une voix sévère : "Nous avons besoin de ce médicament." L'homme continua de nier qu'il l'avait. Alors, Salci glissa doucement sa main dans sa poche et en sortit un canif. Il leva légèrement le couteau, puis le planta avec force dans le comptoir en bois. Puis il dit au pharmacien : "Je ne suis pas sûr que vous m'ayez compris. Nous avons besoin de ce médicament tout de suite." Nerveux, l'homme lui répondit : "Je comprends. Je vais vous le chercher."

Il se tourna rapidement, trouva les flacons contenant le médicament et fit la préparation aussi vite qu'il put. Nous prîmes ensuite le médicament, avant de remercier le pharmacien. Tandis que nous nous dépêchions de retourner à l'hôpital, je remerciais maintes et maintes fois Salci pour son aide, entre quelques éclats de rire incontrôlables. Je ne pouvais pas m'empêcher de rire en me rappelant la scène de Salci fixant le pharmacien.

Ce médicament avait joué un rôle crucial dans la guérison de Lonek. Le risque d'attraper la tuberculose avait été minimisé et il ne la contracta jamais. Il resta encore plusieurs semaines à l'hôpital avant de pouvoir être considéré totalement guéri. Mais il finit par l'être. Nous sommes très reconnaissants envers notre ami Salci pour l'aide qu'il nous a apportée.

VERS L'AMÉRIQUE
OCTOBRE 1945

Une fois Lonek totalement guéri, nous retournâmes à Salzbourg. C'est dans cette ville que nous avions décidé de nous installer ensemble, temporairement du moins. Nous savions tous les deux que notre futur ne se ferait pas ici.

Un jour, nous reçûmes une très heureuse surprise. Tusia, la sœur de Lonek, venait d'arriver à Salzbourg. Elle avait fait le voyage depuis Cracovie. Elle et le frère de Lonek s'y étaient installés quelques mois avant la fin de la guerre. Lonek était avec eux, jusqu'à ce qu'il se décide à partir à Salzbourg. Il était ravi de la voir, et j'étais ravie de la rencontrer. Mais, pour quelle raison était-elle venue ? Elle nous expliqua que l'un des amis de Lonek, qui avait voyagé avec lui de Cracovie jusqu'à Salzbourg, était retourné à Cracovie. Il avait dit à Tusia que Lonek était très malade. Quand elle apprit la nouvelle, elle se rendit immédiatement à Salzbourg. Elle était si soulagée de retrouver son frère guéri et en parfaite santé.

C'était la première fois que je rencontrais un membre de sa famille. Tusia et moi nous sommes appréciées l'une l'autre dès notre première rencontre. Depuis cette première rencontre, elle m'a toujours considérée comme un membre de la famille.

Tusia nous raconta qu'elle était entrée en contact avec un ami de leur ville natale. Cet ami vivait aujourd'hui à Schwandorf, en Allemagne, et il l'avait invitée chez lui. Tusia voulait que nous l'accompagnions lors de sa visite. Il n'en fallut pas beaucoup pour nous convaincre, et rapidement, nous nous mîmes en route pour l'Allemagne.

Je suis restée à Schwandorf avec Lonek et sa famille pendant quelques mois. Mais je devenais de plus en plus agitée. À cause de ma liberté nouvellement retrouvée, je m'impatientais à l'idée de voyager et de parcourir l'Europe. Au cours des mois qui suivirent la guerre, il nous était très facile de voyager. Souvent, il était même possible de voyager en train sans acheter de billet. En même temps, il n'y avait pas beaucoup de place chez la famille de Lonek et je commençais à me sentir un peu à l'étroit. Je leur fis donc mes adieux, et promis à Lonek que nous nous reverrions bientôt.

J'avais voyagé un peu pendant l'automne et l'hiver 1945 et jusqu'aux premières semaines de 1946. Après cela, j'étais allée vivre avec mon oncle qui s'était installé dans une petite ville d'Autriche appelée Bad Nauheim, juste de l'autre côté de la frontière allemande. Là-bas, j'avais appris l'existence d'un programme destiné à aider les orphelins mineurs à immigrer en Amérique. C'était un programme spécialement conçu pour les orphelins qui n'avaient aucune autre famille pour s'occuper d'eux. Comme j'avais moins de 18 ans, j'y étais admissible. Je devais me rendre à Francfort, en Allemagne, pour faire ma demande, ce qui n'était pas très loin de la maison de mon oncle en Autriche.

Peu de temps après mon arrivée à Bad Nauheim, je reçus une lettre de Lili qui me proposait de venir lui rendre visite. Elle avait quitté Salzbourg avant moi pour aller vivre avec son frère, qui avait déménagé dans une petite ville près d'Hanovre, en Allemagne.

J'avais très envie de la revoir, alors peu après avoir reçu sa lettre, je me rendis chez elle.

J'étais si heureuse de la voir à nouveau, mais mon séjour avec elle n'allait pas tarder à tourner court. Quelques jours après mon arrivée, je reçus un télégramme m'informant que j'avais été retenue pour participer au programme spécial pour les orphelins et que je pouvais partir aux États-Unis. Le télégramme m'ordonnait de me rendre à Francfort dans les plus brefs délais, où la procédure devrait être complétée. Il me faudrait notamment remplir quelques formulaires et passer une visite médicale. Il n'y avait pas une minute à perdre. J'étais triste de partir si vite, et inquiète de ne pas pouvoir la revoir avant un long moment. En même temps, cette nouvelle m'avait emplie de joie et je me rendis immédiatement à Francfort.

Après avoir rempli les documents nécessaires à Francfort, je me fixai pour objectif de retourner chez Lonek pour lui annoncer la nouvelle et lui faire nos adieux. Une fois de plus, la joie de savoir que je serais bientôt en Amérique fut minée par la tristesse de réaliser que je ne le reverrais peut-être pas après mon départ. Avec un peu de chance, nous pourrions passer quelques jours ensemble avant cela et nous promettre de faire tout notre possible pour rester en contact.

Quelques semaines plus tard, j'étais dans le train pour Le Havre, le port de France d'où partait le navire en direction des États-Unis. Lonek était venu me dire au revoir, et nous avons échangé un dernier baiser sur le quai d'embarquement. Tout était arrivé si vite. Je n'avais pas eu le temps de penser aux conséquences de ce départ, ni à cette nouvelle vie qui commençait.

Au Havre, j'avais embarqué sur le SS Marine. Pour un bateau militaire, celui-ci était étonnamment bien approvisionné. Ce n'était pas un bateau de luxe, mais il était tout de même confortable et nous y avions bien mangé. Le voyage dura environ dix jours et, malgré deux jours un peu agités à cause d'une tempête en mer, le trajet fut plutôt calme.

Je n'oublierai jamais le jour où le bateau fit son entrée dans le port de New York, ni le moment où j'ai vu la Statue de la Liberté pour la première fois. Je ressentais un tel torrent d'émotions, mais principalement de la joie. J'étais anxieuse, nerveuse. Je parlais à peine l'anglais - seuls quels mots comme "Hello", "Yes", "No", "Thank you", "Goodbye", et peut-être un ou deux de plus. Qui m'attendait là-bas ? Où vivrai-je ? Mes hôtes seraient-ils gentils ou sévères et stricts ? Toutes ces choses m'inquiétaient, mais après tout ce que j'avais vécu, j'étais sûre de pouvoir faire face.

BUFFALO ET GERDA
MARS 1946

Une fois arrivée à New York, je fus accueillie par des représentants du Comité des juifs Américains, qui nous avait trouvé un hébergement à tous. Nous faisions partie des tout premiers survivants de l'Holocauste à arriver aux États-Unis. Notre navire était le second bateau de survivants à débarquer. On nous emmena dans une pension de famille dans le Bronx avec d'autres survivants qui avaient fait le voyage avec moi. Nous y étions restés jusqu'à ce que l'on nous trouve un logement plus permanent.

Nous étions une vingtaine dans la maison. Je partageais une chambre avec deux autres filles. Toutes deux venaient de Pologne. Et le hasard fit que, juste avant de partir pour l'Amérique, elles avaient toutes les deux vécu à Bad Nauheim, en Autriche, comme moi. Chacune avait un frère, avec lequel elles avaient fait le voyage jusqu'ici. Nous nous sommes perdues de vue peu de temps après notre arrivée, et je ne me souviens plus de leurs prénoms, mais ce qui est sûr, c'est que nous avions passé nos premiers jours à New York ensemble.

Je ne me souviens pas beaucoup de cette maison, mais une chose subsiste de manière très vive dans mon esprit. Il y avait un piano dans le couloir principal de la maison et, pendant que nous y étions, un homme noir venait souvent en jouer. Il jouait les morceaux de son répertoire, constitué pour la plupart de chansons de jazz, de manière très dynamique. C'était un spectacle merveilleux et si typique de ce que je m'attendais à voir à New York.

L'idée de m'aventurer dans le Bronx me rendait nerveuse. Je ne parlais pas anglais, et ici, tout était si différent de la vie que j'avais menée avant la guerre. Mais, le fait de me trouver dans la ville la plus célèbre du monde était trop tentant pour me garder à l'intérieur. Nous avions donc multiplié les visites touristiques. Je me souviens avoir pris le métro, qui à l'époque ne coûtait que cinq cents par trajet. Nous avions pu voir certains des sites incontournables de Manhattan. Je ne me souviens pas de tout, mais comment pourrais-je oublier l'Empire State Building ? Nous n'étions pas allées au sommet, mais le simple fait de le voir de loin était impressionnant.

Lors de mon dixième jour à New York, j'appris que l'on m'avait trouvé un foyer. Une famille située à Buffalo, dans l'État de New York, avait proposé de m'accueillir. Je ne savais pas du tout où se trouvait Buffalo. Le lendemain, j'étais à bord d'un train se dirigeant vers le nord du pays.

À la gare de Buffalo, une assistante sociale m'attendait pour m'emmener dans mon nouveau foyer. La famille qui m'accueillait était juive. Leur nom de famille était Friedman, et je me rappelle toujours de leur adresse : 15, avenue Huntington. Ils avaient une grande maison dotée de quatre chambres. Ils avaient quatre enfants, trois filles et un garçon. Seule une des filles et le garçon vivaient encore là quand je suis arrivée. Le fils possédait un magasin d'électroménager, et la fille était à l'université. Les deux autres filles, plus âgées, étaient mariées. L'une vivait dans le Michigan et l'autre était restée dans les environs de Buffalo. De ce fait, deux de leurs chambres étaient maintenant vides, et j'en occupais une pour moi toute seule. Quel luxe cela représentait pour moi, surtout après avoir vécu dans des dortoirs surpeuplés tout au long de la guerre.

C'était bon d'avoir un peu d'intimité. Puisque je ne pouvais pas vraiment communiquer avec mes hôtes, c'était un soulagement de pouvoir être un peu seule et de ne pas ressentir cette pression d'interagir. Même si ce dont j'avais le plus besoin était de commencer à apprendre l'anglais. Les parents parlaient yiddish, que je comprenais mais que je ne parlais pas bien. Le moment du repas était souvent étrange. Ils parlaient entre eux principalement en anglais, donc je n'avais aucune idée de ce qu'ils se disaient. Ils essayaient parfois de m'inclure dans leurs conversations, mais, bien entendu, leurs tentatives ne furent jamais fructueuses. Pendant une courte période, j'avais reçu des cours d'anglais avec un professeur particulier. Je gardais toujours mon dictionnaire polonais-anglais sous le bras.

Quelques jours après mon arrivée à Buffalo, je reçus un mystérieux coup de fil. Quand je décrochai le combiné, j'entendis une voix de femme qui parlait allemand ! C'était génial de pouvoir communiquer pleinement avec quelqu'un à nouveau. Elle commença par me demander de lui raconter mon histoire. Ses questions indiquaient qu'elle en savait beaucoup sur ce qui était arrivé aux survivants d'Europe. Elle me demanda le nom des camps de travail dans lesquels j'avais été, ainsi que le jour et le lieu où j'avais été libérée. Ces questions peuvent paraître anodines aujourd'hui, puisque nous savons tant de choses au sujet de l'Holocauste. Mais au cours des premières années qui suivirent la guerre, peu nombreux étaient les Américains, voire les juifs d'Amérique, qui connaissaient les détails de cette histoire tragique.

La femme continua de me poser des questions jusqu'à ce qu'elle découvre que j'avais connu la marche de la mort de Volary. À ce moment-là, elle m'indiqua qu'une autre femme qui avait subi cette marche se trouvait également à Buffalo. Quand elle me dit son nom, je manquai de lâcher le combiné du téléphone. C'était Gerda Weissmann Klein. Je connaissais très bien Gerda. Nous avions travaillé ensemble dans le camp de Landeshut sur des métiers à tisser voisins, mais nous n'avions pas passé beaucoup de temps l'une avec l'autre lors de la marche. Elle avait quatre ou cinq ans de plus que moi. À nos âges, c'était une différence importante. Et, bien entendu, c'est aux côtés d'Halinka et de Lili que j'avais traversé cette épreuve. Quoi qu'il en soit, découvrir qu'elle vivait si près de moi me rendit folle de joie.

La femme me donna son numéro de téléphone. Je l'appelai immédiatement et, quelques heures plus tard, nous nous retrouvions. Nous avions parlé pendant des heures, et versé tant de larmes tout au long de cette conversation. Parler de ces horribles choses que j'avais vécues avait un effet thérapeutique. Jusque-là, la barrière de la langue m'avait empêchée de le faire. Et, même si mon anglais avait été parfait, personne à Buffalo n'aurait été en mesure de comprendre ce que j'avais vécu. Avoir Gerda près de moi était un cadeau du ciel. Le temps que nous avons passé ensemble m'a permis d'aller de l'avant et de m'adapter à cette nouvelle vie qui m'attendait.

Gerda s'était mariée à un lieutenant américain qu'elle avait rencontré à Volary, peu de temps après sa libération. Il était originaire de Buffalo, c'est pourquoi ils s'étaient installés ici. Elle avait écrit un livre au sujet de son expérience de la marche. Ce livre représente le premier récit complet de la marche de Volary à avoir été écrit. L'ouvrage avait remporté plusieurs récompenses et avait rendu Gerda célèbre. C'est ainsi qu'elle est devenue une militante des droits de l'homme et une conférencière sur l'Holocauste. Son histoire a fait l'objet d'un court-métrage qui a remporté un Oscar et un Emmy.

Gerda et moi étions devenues de très bonnes amies. Après avoir donné naissance à sa première fille, elle m'avait demandé de l'aider à rentrer de l'hôpital. Elle voulait que je porte le bébé jusqu'à la voiture quand il serait temps pour elles de partir. J'étais honorée. Ayant fait en sorte de bien m'habiller en signe de gratitude, je me suis présentée en talons très hauts. Gerda jeta un bref coup d'œil à mes pieds et, interloquée, m'interdit de prendre le bébé avec de telles chaussures. Elle craignait que je trébuche et que je fasse tomber le bébé !

Mon amie Lili m'avait écrit pour me faire part des difficultés qu'elle rencontrait pour rejoindre l'Amérique. Gerda lui fournit alors une aide précieuse. Avec l'aide de mes hôtes, les Friedman, elle travailla d'arrache pied pour y parvenir. Quelques semaines plus tard, Lili était à Buffalo avec nous. Quelle joie de retrouver ma chère amie. Elle m'avait aidée à survivre et je l'aimais comme une sœur. Lili avait rencontré et épousé son mari à Buffalo, où elle vécut toute sa vie. Même si j'ai par la suite déménagé dans les environs de New York, nous sommes restées des amies proches jusqu'à sa mort.

Ces premières semaines en Amérique avaient été un véritable tourbillon pour moi. Moins d'un mois auparavant, je me baladais en Allemagne et en Autriche, profitant de ma nouvelle liberté. Puis, en deux semaines, j'étais sur un bateau en partance pour l'Amérique. Vingt jours plus tard, j'avais ma propre chambre dans une maison à Buffalo. Et dans deux semaines encore, je serais assise dans la salle de classe d'un lycée américain, toujours incapable de parler un mot d'anglais.

En septembre 1946, j'entrai en première année au lycée Bennet à l'âge de 17 ans. Tous mes camarades avaient deux voire trois ans de moins que moi. Cela ne représente pas grand-chose à l'âge adulte, mais à l'adolescence, cet écart est colossal. Cela faisait plus de sept ans que je n'avais plus été à l'école. Culturellement parlant aussi, les choses étaient très différentes, ce qui ajoutait à mon isolement et à ma marginalisation. Je ne me sentais vraiment pas à ma place et j'avais un peu honte. Le fait de savoir que j'avais une bonne raison d'être en retard dans mes études n'avait pas atténué mon malaise.

Toutefois, ce sont ces sentiments qui m'ont rendue déterminée à travailler dur et qui m'ont motivée à rattraper mon niveau. J'étais concentrée sur mes études, et tous les jours, je travaillais pendant de longues heures. J'avais demandé aux administrateurs de l'école de me permettre de renoncer à certains cours moins académiques comme l'éducation physique et l'économie domestique. J'avais obtenu leur accord, ce qui m'avait permis de suivre les cours des niveaux supérieurs au mien, requis pour l'examen final.

Mes efforts portèrent leurs fruits, et après deux longues années, je recevais enfin mon diplôme. Mes professeurs et mes camarades de classe étaient ébahis. Et moi aussi ! Mon anglais n'était pas encore parfait, loin de là, mais j'étais capable de comprendre ce que l'on me disait et de très bien communiquer. Le journal local de Buffalo parla même de ma réussite dans un article. J'en étais très fière et j'ai encore la coupure de presse aujourd'hui.

SURVIVRE EN AMÉRIQUE
1946-1948

À certains égards, ces deux années ont semblé passer vite, mais très lentement à d'autres. Surtout la première année. Lonek me manquait beaucoup. Nous réussissions à garder contact en nous écrivant des lettres, mais celles-ci arrivaient trop lentement et n'étaient pas très régulières. Je craignais que l'on ne se revoie plus jamais. Et si c'était le cas, rencontrerait-il quelqu'un d'autre ? Lonek était jaloux que je sois arrivée aux États-Unis avant lui, sans jamais m'en faire part au moment où nous nous étions séparés. Au contraire, il s'en était servi comme motivation pour trouver un moyen de faire de même. Nous étions restés patients et nous nous étions encouragés mutuellement dans nos lettres. Pendant ce temps, la tante de Lonek faisait tout ce qu'elle pouvait pour le faire venir aux Etats-Unis.

La sœur de sa mère avait immigré à New York plusieurs années avant la guerre. Constatant la montée de l'antisémitisme dans toute l'Europe, elle supplia la famille de Lonek de quitter la Pologne et de la rejoindre aux États-Unis. Mais le père de Lonek, qui avait construit une entreprise prospère pendant de nombreuses années, ne voulait pas la perdre. Partir aux États-Unis et tout recommencer lui semblait infaisable. Il ne parlait pas anglais. Il savait aussi que la plupart des immigrés atterrissaient dans des ateliers de misère et restaient pauvres jusqu'à la fin de leurs jours. Il était conscient de la menace que représentait Hitler, mais il n'avait pas pu prévoir les plans diaboliques qu'il avait pour les juifs. Son père avait passé beaucoup de temps à Vienne quand il servait dans l'armée autrichienne. De cette expérience, il en retira que le peuple allemand était le peuple le plus civilisé et le plus cultivé du monde. Quand il fut trop tard, il fut choqué de les voir s'abaisser à une telle barbarie.

Les semaines devenaient des mois, et je me demandais si Lonek serait jamais autorisé à se rendre en Amérique. Puis arriva un jour, où je reçus une lettre de sa part, dotée d'un merveilleux message. Il avait obtenu un visa et serait bientôt apte à partir aux États-Unis. Cela lui avait pris un peu plus d'un an après mon départ, mais c'était enfin une réalité. En octobre 1947, il monta à bord du SS Ernie Pyle, l'un des plus célèbres navires qui transporta des immigrants juifs d'Europe après la guerre.

La famille qu'il avait à New York l'accueillit et ce fut le début d'un long parcours pour devenir Américain. Il nous fallut encore attendre deux mois avant de pouvoir nous retrouver. La veille du Nouvel An 1948, je le retrouvai à New York, et c'est avec beaucoup de joie que nous avons célébré la nouvelle année. J'étais si contente de revoir sa famille et d'en rencontrer de nouveaux membres pour la première fois. Cette semaine du Nouvel An était passée trop vite. Il me semblait que j'étais de retour à l'école à Buffalo avant même d'être partie. Je me demandais quand nous allions nous revoir. Il se passerait cinq longs mois avant que cela n'arrive.

La fin de l'année scolaire du printemps 1948 était proche. J'étais certaine que j'allais avoir suffisamment de crédits pour obtenir mon diplôme de fin d'études secondaires. J'invitai donc Lonek à venir à Buffalo pour fêter cette réussite avec moi. Il n'avait pas pu assister à ma cérémonie de remise des diplômes, faute de place. Mais, il m'avait accompagnée au bal de fin d'année. C'était un très bon danseur et nous avons passé une merveilleuse soirée.

Nous commencions à organiser le déménagement de Lonek à Buffalo. Une fois de plus, ma merveilleuse amie Gerda vint à ma rescousse. Elle et son mari acceptèrent d'héberger Lonek pendant quelque temps. En plus de l'accueillir chez eux, le mari de Gerda lui trouva un emploi de commis aux expéditions dans un magasin local d'articles de sport.

Pendant qu'il était à Buffalo, notre relation s'était renforcée. Nous avions décidé de nous marier, mais nous savions tous les deux que nous devions être plus établis avant de nous engager. Comment gagnerions-nous notre vie ? Où nous installerions-nous ? C'était une vraie bénédiction d'être à Buffalo, mais le climat hivernal y était rude et me fatiguait grandement. Les tempêtes de neige qui jaillissent du lac peuvent ensevelir les voitures et les maisons. Par chance, mes hôtes avaient pu me prêter des vêtements d'hiver, en particulier des bottes de neige, qui étaient très difficiles à trouver après la guerre.

Quand je terminai l'école, mon souhait fut d'aller à l'université. Mais la pression que je ressentais de commencer à gagner de l'argent était trop forte. J'en avais assez d'être un cas social. J'avais envie d'être autonome et d'avoir mon propre logement. Je décidai donc de trouver un emploi plutôt que de m'inscrire à l'université. Je fus embauchée comme assistante de laboratoire dans un cabinet dentaire local. C'était génial d'avoir enfin de l'argent de poche et de commencer à économiser un peu.

L'été passa rapidement et Lonek et moi nous amusions beaucoup tous les deux. C'était la première fois depuis l'Autriche que nous passions autant de temps ensemble sur une période prolongée. Mais cela se termina à nouveau trop tôt. Après six mois à Buffalo, son frère Edek lui demanda de retourner à New York. Edek avait acheté une petite épicerie à Brooklyn grâce à un prêt de leur tante. Il avait besoin d'aide pour la gérer et pressa Lonek de le rejoindre dans cette nouvelle entreprise. Lonek était triste de partir, mais réalisant que cela pouvait être la clef de notre avenir, il décida de retrouver son frère. L'entreprise connut des difficultés et ils finirent par se résigner à l'abandonner. Par la suite, Lonek occupa plusieurs autres emplois, qu'il trouva tous très insatisfaisants. Son frère et lui finirent par investir dans une société immobilière qui construisait des maisons et des appartements. Le marché immobilier commençait à exploser, car la demande de logements était forte après la guerre. Ils s'étaient lancés dans l'aventure juste au bon moment. Leur entreprise se développa rapidement et constitua son gagne-pain jusqu'à sa retraite.

Lonek et moi nous sommes mariés le 24 octobre 1949. Nous avons eu la chance d'avoir une belle famille aimante, deux filles et un fils. Notre vie de famille a été marquée par de grandes joies, mais aussi par de grands chagrins. Ma fille aînée, Susan, est née en 1952 et vit près de chez moi, dans le New Jersey. Elle a trois filles, Jamie, Danielle et Carly. Jamie et Danielle sont maintenant mariées et fondent leur propre famille. Jamie nous a donné deux arrière-petits-enfants, un garçon, Liev Max, et une fille, Rafi.

Ma plus jeune fille, Nina, est née en 1967. Elle a deux enfants magnifiques aux prénoms très originaux. Son fils s'appelle Xander et sa fille s'appelle Drew. Nous ne les voyons pas aussi souvent que nous le souhaiterions, car elle et son mari, Noah, vivent à présent à Los Angeles.

Mon fils, David, est né un peu plus d'un an après Susan et était un garçon brillant et très intelligent. Nous l'adorions et il nous apportait beaucoup de joie. Il faisait de très bonnes études de communication à l'université de Boston quand on lui diagnostiqua un cancer du cerveau. Son combat courageux contre cette maladie redoutable était une source d'inspiration. Malheureusement, après deux ans de chimiothérapie, de chirurgie et de traitements divers, il est décédé. Ce furent deux années d'enfer et d'agonie pour nous tous. Il nous manque beaucoup, mais nous nous souvenons de lui tendrement et affectueusement chaque jour.

RÉTROSPECTIVE

Mon histoire est celle d'une chance incroyable. Tant de fois au cours de ma lutte pour la survie, le sort m'avait été favorable. Et même après la fin de toute cette horreur, la chance avait continué de me sourire. J'ai eu la chance de compter parmi les premiers survivants autorisés à se rendre en Amérique. Une fois sur place, j'ai eu la chance de vivre près de personnes avec qui j'avais enduré cette épreuve. Ils m'ont apporté le soutien dont j'avais grandement besoin et leur écoute m'a permis de digérer ce qu'il s'était passé. J'avais eu la chance de rencontrer Lonek et sa famille. Ils sont devenus ma famille aussi, puisque j'avais perdu la quasi-totalité de la mienne.

Longtemps, nombreux étaient les survivants de l'Holocauste qui ne supportaient pas de parler de ce qu'ils avaient subi. Certains ne le firent jamais. La plupart d'entre eux disaient que revivre ces événements était bien trop douloureux. Je n'étais pas hostile à cette douleur. Mais je me suis rendu compte que les Américains qui n'avaient pas vécu la guerre directement ne voulaient pas en entendre parler. C'était trop difficile à entendre pour eux. Il y avait même des juifs dont la famille était arrivée aux États-Unis avant la guerre et qui n'avaient pas vécu sous la menace, qui étaient rarement prêts à nous écouter. Il nous fut donc difficile de trouver des oreilles compatissantes, surtout au cours des premières années qui suivirent la guerre.

Ne pas avoir de personne à qui tout dire aurait été difficile pour moi. C'est pourquoi, une fois de plus, j'ai été chanceuse d'avoir des amis et une seconde famille autour de moi avec qui je pouvais partager ma peine et ma douleur. Toutes les fois que nous nous retrouvions, le sujet revenait dans la conversation. Nous ne forcions pas nos enfants à écouter nos histoires d'horreurs. Mais nous n'hésitions pas non plus à en parler si le sujet était abordé lors de nos nombreuses réunions avec la famille et les amis. Si les enfants étaient dans la pièce, nous continuions à parler, sans rien leur cacher.

On entend souvent que le traumatisme que l'on a vécu peut être transmis de génération en génération. Je pense que mes enfants et mes petits-enfants ont une compréhension saine de ce que nous avons vécu, sans ignorer ou fuir l'histoire, ni d'en être obsédés. En réalité, nous nous sommes rendus plusieurs fois en Europe au fil des ans pour revisiter ma ville natale et faire quelques arrêts à différentes étapes de la marche de la mort, et nous avons toujours emmené nos enfants et nos petits-enfants lors de ces voyages. Nous avons fait de nombreux voyages à Tluste, la ville natale de Lonek, qui se trouve à présent en Ukraine occidentale, pour l'aider à comprendre sa propre histoire. Et, avec toute la famille, nous sommes allés plusieurs fois à Yad Vashem, le centre dédié à la mémoire de l'Holocauste situé à Jérusalem.

En 1985, nous avons visité Częstochowa et retrouvé l'appartement dans lequel j'avais grandi avant la guerre. J'ai été surprise de constater qu'il avait été laissé en l'état, et que tout était identique à ce dont je me souvenais. Cette visite fut une expérience mitigée : d'un côté, des souvenirs heureux de mon enfance refaisaient surface, de l'autre, la douleur d'avoir perdu ma mère et mon père.

En 1995, la ville de Volary, ainsi que d'autres villes tchèques organisèrent une commémoration du cinquantième anniversaire de la fin de la guerre en Europe. Des survivants de la marche de la mort de Volary avaient été sacrés invités d'honneur. Ce fut une cérémonie très spéciale.

Il y a un cimetière à Volary où certaines des filles qui ont perdu la vie à la fin de la marche sont enterrées. Le site est assez remarquable. On pense qu'il s'agit du seul mémorial en Europe où les victimes de l'Holocauste ont reçu des pierres tombales individuelles et marquées. Un groupe de soldats américains était responsable du cimetière. Après nous avoir libérés, ils s'étaient lancés à la recherche des corps d'autres filles, mortes ou assassinées. Ils avaient obligé les citoyens allemands de la région à exhumer les corps qui avaient été enterrés dans des fosses pour leur offrir une tombe digne de ce nom dans le cimetière. Chacune des victimes eut droit à des obsèques juives, à une tombe individuelle et à une pierre tombale. Au milieu du cimetière trône une magnifique statue en honneur aux victimes de la marche. La statue de bronze fait plus de trois mètres et demi de haut et représente une forme féminine abstraite.

Au cimetière, nous fûmes accueillis avec de la musique et des fleurs. Les maires actuels des villes avaient organisé une réception et nous avaient invités à signer le livre d'or de la ville. Lors d'une de ces cérémonies, nous nous étions joints aux élèves du collège de Volary pour les aider à planter 95 arbres, un pour chacune des victimes du cimetière. Le lieu est ainsi devenu un mémorial vivant, situé à deux pas de leur école. Les enfants nous avaient offert à chacun d'entre nous une pièce en céramique qu'ils avaient fabriquée eux-mêmes, et nous avions pris plaisir à signer les livres d'autographes des enfants. Ensuite, nous avions remis à la ville un don en argent qui servit à l'achat de nouveaux instruments de musique pour la fanfare de l'école.

Avant le début de la commémoration au cimetière, une femme installa des bougies et des fleurs au pied de chaque pierre tombale.

Sur plusieurs d'entre elles était inscrit le terme *Neznama*, qui en tchèque signifie "inconnue". Le maire de Volary s'engagea alors à ce que la ville prenne toujours soin de ces tombes en guise de devoir d'honneur.

Mon amie Lili avait fait un petit discours : "Au moment même où nous nous tenons ici, nos coeurs souffrent toujours de l'assassinat de nos soeurs. Nous remercions le maire de nous avoir donné la chance de tourner la page, maintenant que nous avons enfin été capables de leur dire adieu et reposez en paix." Ensuite nous avons récité une prière spéciale, appelée Kaddish. Nous avons terminé la cérémonie en chantant *El Maleh Rachanim*, une prière juive destinée à l'âme de la personne décédée.

Cette nuit-là, à la cérémonie du théâtre de la ville, le maire offrit à chaque survivant une pièce commémorative en argent frappée pour l'occasion, une statuette à l'effigie de la sculpture du cimetière, un certificat et une rose rouge. Ce furent des retrouvailles déchirantes, teintées de larmes de joie et de tristesse.

Lors de ce même voyage, Lonek et moi nous sommes retournés à Salzbourg pour visiter l'endroit où nous nous étions rencontrés pour la première fois, le complexe militaire qui servait de camp PD. Nous nous sommes souvenus de la joie de retrouver notre liberté et de commencer notre vie ensemble. C'était agréable de visiter un endroit avec des souvenirs plus heureux que ceux de la terreur à laquelle nous avions été confrontés.

La vague de l'antisémite reprend de l'ampleur en Europe. Il est effrayant de constater que cela existe toujours et qu'autant de personnes continuent de nier l'Holocauste. Il est important de se souvenir. Nous ne pourrons jamais le dire trop souvent ni trop fort : "N'oubliez jamais."

POSTFACE

On me demande souvent quelles sont les leçons que je souhaiterais que les gens apprennent de mes expériences. Je pense qu'ils s'attendent à ce que je dise quelque chose comme : "Quelle que soit la difficulté de votre situation, quelle que soit sa gravité, et quelles que soient les chances, vous devez puiser au plus profond de vous-même la volonté de survivre." Je ne nie pas l'importance d'une telle philosophie dans des circonstances aussi tragiques, mais je ne crois pas que ma volonté de survivre était supérieure à celle d'autres personnes qui ont péri à mes côtés.

Ce que j'ai subi et l'horreur que l'on nous a fait subir, n'avaient jamais existé dans l'histoire humaine auparavant. Ce qui est arrivé aux juifs durant l'Holocauste est si démoniaque et si barbare que la volonté de survivre ne jouait qu'un rôle mineur dans notre capacité à le surmonter. Mon histoire n'est pas une histoire ordinaire dont la fin pourrait être traduite en une morale classique.

Plus que par la force de ma volonté ou que par tout autre attribut de ma personne, je dois dire que mon histoire a été marquée par une chance incroyable. J'étais une petite fille naïve et innocente. Je savais très peu de choses sur le fait de survivre toute seule dans un monde normal, et encore moins dans un monde qui avait sombré dans une tyrannie haineuse. Nous avions été pris pour cibles et, dès le départ, leur volonté était de nous exterminer. Ils étaient les seuls détenteurs du pouvoir, de la puissance et de la volonté de mener à bien leur projet. Et ils avaient manqué de peu de le réussir. La volonté d'une petite fille n'aurait jamais pu se mettre en travers de leur chemin.

Ma survie a été une série d'heureux hasards. D'innombrables fois, c'est moi qui aurais pu être choisie pour être exécutée plutôt qu'une autre fille à côté de moi. D'innombrables fois, j'aurais pu être prise dans les tirs croisés de l'une des nombreuses aktionen dont j'ai été témoin. D'innombrables fois, j'aurais pu mourir de faim ou succomber au froid sous la pluie, le grésil et la neige.

J'ai vu mourir beaucoup de femmes qui marchaient à mes côtés. La plupart d'entre elles étaient plus fortes, plus intelligentes, et avaient tout autant sinon plus de volonté de vivre que moi. En substance, on pourrait dire que j'avais gagné à la loterie à plusieurs reprises jusqu'à ce que le jeu finisse pas s'arrêter.

Je repense souvent à cela. Je pense à ces hommes courageux qui se sont battus aux côtés des Alliés pour nous libérer. Des millions d'entre eux y ont perdu la vie. Eux, n'avaient pas gagné à la loterie. Je pense à ces six millions de juifs décédés. Eux non plus, n'avaient pas gagné à la loterie. En tout, on estime que ce sont plus de 70 millions de personnes qui sont mortes pendant la guerre. Et je suis certaine que la plupart d'entre elles étaient animées d'un ardent désir de vivre.

Je ne suis pas en train de dire que la volonté de vivre n'est pas importante. Sans elle, tout est fini. Mais pour moi, elle ne joue qu'une toute petite partie de la raison pour laquelle je suis encore là aujourd'hui. J'avais reçu l'aide de nombreuses personnes tout au long de mon périple, et certaines d'entre elles avaient risqué jusqu'à leur propre vie. Je leur en suis tellement reconnaissante. C'était bien plus que de la chance. C'étaient des gens qui, malgré les conséquences, étaient prêts à faire ce qui était juste. Sans eux, nous aurions tous péri. Sans ma famille, au sein de laquelle beaucoup n'ont pas survécu, je n'aurais jamais réussi à m'en sortir.

En racontant l'histoire de ma survie, je ne cherche ni à obtenir des félicitations ni des éloges. J'ai fini par me décider à la raconter pour qu'elle soit ajoutée aux centaines de milliers d'autres histoires de survie, dans l'espoir que les générations futures n'oublient jamais.

Une fois de plus, il est difficile de se souvenir. Mais c'est quelque chose que nous devons nous évertuer à faire pour que ces horreurs ne se reproduisent plus jamais.

REMERCIEMENTS

J'adresse ma gratitude et ma sympathie à Edwin Stepp pour son aide dans la création de ce livre. Même s'il est né aux États-Unis de nombreuses années après la guerre, il possède une sensibilité et une compréhension des événements qui ont eu lieu durant l'Holocauste. Ces qualités sont rares pour quelqu'un qui n'a pas directement vécu ce traumatisme.

PHOTOS

Halina et sa mère juste avant la Seconde Guerre mondiale. Halina a gardé cette photo dans sa chaussure tout au long de la marche, malgré le risque que cela représentait de se faire prendre avec.

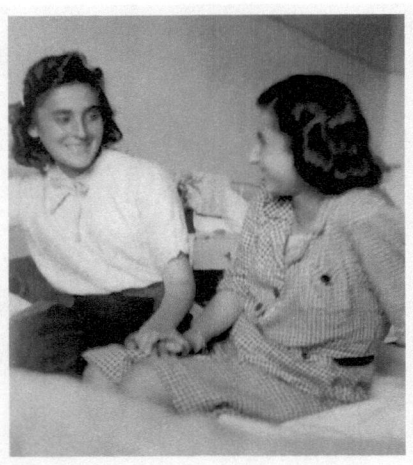

Halina et Lili se tenant la main sur un lit d'hôpital à Prachatice.

Halina (droite) et Lili (gauche) avec les infirmières de l'hôpital de Prachatice.

Halina et quelques-uns de ses nouveaux amis à Prachatice. Elle se trouve au centre de l'image. Son amie Helen (nom de famille inconnu) est allongée sur ses jambes et Lili est étendue au sol juste à leur droite.

Halina avec un autre groupe d'amis à Prachatice. Halina se trouve en bas à gauche de la photo, tenant le fusil d'un G.I. américain dans les mains.

Halina prenant la pose avec deux G.I. américains.

Halina à Prachatice, après sa guérison à l'hôpital.

Halina et Lonek se disant au revoir, tandis qu'elle s'apprête à monter dans le train qui la conduira jusqu'au bateau pour les États-Unis.

L'article du Buffalo Courir Express, datant de juin 1948, félicitant Halina d'avoir accompli son cursus de lycée en deux ans au lieu de quatre.

Halina visitant l'appartement dans lequel sa famille avait vécu à Częstochowa avant la guerre. Il avait été laissé dans un état quasi-identique à celui dans lequel ils l'avaient laissé lors de leur expulsion.

Tombes des inconnues, à Volary.

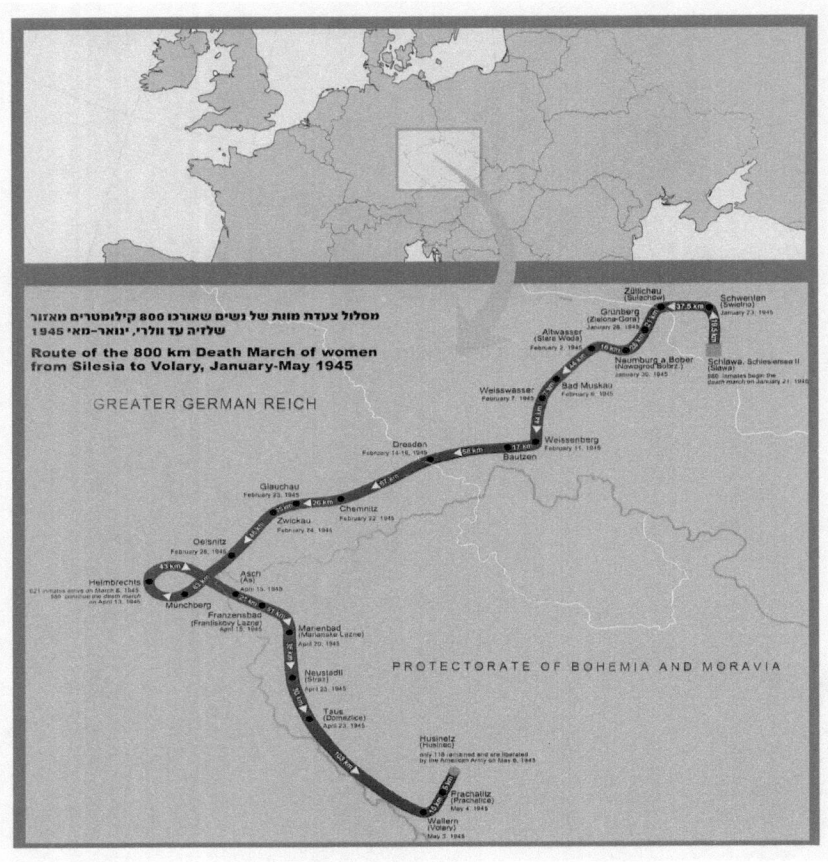

Itinéraire suivi par la marche de la mort de Volary. Copyright Yad Vashem, Jérusalem.

À PROPOS DES AUTEURS

Halina Goldberg Kleiner est née à Częstochowa, en Pologne, en 1929. Son père possédait une scierie en ville jusqu'à ce que les nazis ne s'en emparent après avoir envahi la Pologne en 1939. C'est ainsi qu'a débuté l'histoire terrifiante de sa survie. Elle a été l'une des rares personnes à avoir survécu à la marche de la mort de Volary. Halina a rencontré son futur mari, Leon Kleiner, après la guerre dans un camp de Personnes Déplacées à Salzbourg, en Autriche. Ils ont passé la majeure partie de l'année suivante ensemble à apprendre à se connaître, dans l'espoir de pouvoir se marier un jour. Halina fut l'une des premières personnes juives à être autorisée à immigrer aux États-Unis, et au cours de l'été 1946, elle s'installa à Buffalo, dans l'État de New York. C'est dans cette ville qu'elle stupéfia ses professeurs en obtenant son diplôme d'études secondaires en seulement deux ans, alors qu'elle ne parlait pas un mot d'anglais à son arrivée. Elle et Leon se sont retrouvés aux États-Unis en 1948, après que Leon eut obtenu son visa pour immigrer à New York. Ils se sont mariés en octobre 1949, avant de commencer ensemble une vie pleine de succès. Ils ont eu trois enfants, qui leur ont donné cinq petits-enfants, puis deux arrière-petits-enfants. Malheureusement, Halina est décédée le 9 avril 2022, peu de temps avant que son ouvrage ne soit publié. Elle avait 93 ans.

Edwin Stepp a plus de trente années d'expérience dans les médias, le marketing et la publicité. Il a été le rédacteur en chef du journal trimestriel "Vision - Journal for a New World", pendant plus de 15 ans. Le magazine avait un tirage modeste mais était distribué dans plus de 75 pays dans le monde. Il a écrit des dizaines d'articles sur l'histoire, la culture, l'environnement et les actualités. À ce magazine s'ajoutait un site internet associé, comptabilisant plus de 250 000 visiteurs par mois. Edwin s'occupait du développement du site, ainsi que du contenu proposé sur l'application mobile. Ce métier lui a également permis d'écrire et d'éditer de nombreux livres sur l'histoire juive et chrétienne, publiés par le journal. En 2011, Edwin a créé la Django Productions, une société de production de télévision et de films spécialisée dans les documentaires et le divertissement non-fictif. Edwin continue d'affiner ses talents d'écrivain en élaborant ces films et ces scripts.

Merci beaucoup d'avoir lu ces mémoires. Nous espérons que vous avez apprécié votre lecture et nous serions ravis de vous demander de poster quelques mots d'encouragement sur Amazon ou sur Goodreads. Autrement, si vous avez lu ce livre en Ebook Kindle, vous pouvez tout simplement laisser une note : vous n'avez qu'à cliquer sur le nombre d'étoiles (jusqu'à cinq) que le livre mérite selon vous. Cela ne vous coûtera qu'une demi-seconde.

Par avance, nous vous en remercions !

Halina Kleiner et Edwin Stepp.

Si l'histoire de vie primée de Leon Kleiner (le mari d'Halina Kleiner, surnommé Lonek dans cet ouvrage) vous intéresse, vous pouvez la télécharger un format Kindle sur Amazon, ou bien vous procurer la version papier du livre sur le site de la librairie d'Amazon ou chez Barnes & Noble.

Un jeune garçon juif, son frère et sa sœur échappent à un monde détruit par la haine. Un antisémite, célèbre pour sa cruauté, traque des juifs. Pourquoi ce meurtrier aurait-il risqué sa vie pour sauver ces trois enfants?

Un enfant de 11 ans et ses frères et sœurs se battent pour leur survie alors que l'horreur du régime nazi s'abat sur la Pologne. Ils échappent miraculeusement à chacune de leurs rencontres avec la mort, tandis que les meurtriers fascistes tentent de faire de Tluste, leur ville natale, une ville judenrein, "lavée des juifs". Leur chance semble s'amenuiser au moment où les Allemands donnent l'ordre de liquider leur camp de travail.

Timush, un homme connu pour ses terribles exactions contre les juifs, leur offre alors une aide inattendue. Après avoir entendu le cri de désespoir que lui adressa leur mère - "Sauvez mes enfants !" - marchant vers son exécution, Timush décide héroïquement de risquer sa propre vie pour qu'ils survivent.

"Sauvez mes enfants" raconte l'histoire vraie d'un homme transformé, jadis empli de haine et de violence, qui commit le sacrifice ultime afin de sauver ceux qu'il aurait autrefois tués.

Vainqueur du International Impact Book Award 2021 dans la catégorie "Life Experiences". Une histoire unique en son genre au message rempli d'espoir : il n'est pas de haine qui ne puisse être surmontée.

www.ingramcontent.com/pod-product-compliance
Lightning Source LLC
LaVergne TN
LVHW041910070526
838199LV00051BA/2569